GOVERNE SUA MENTE

GOVERNE SUA MENTE

SUPERE FORTALEZAS E ALINHE SEUS PENSAMENTOS À VONTADE DE DEUS

JÚLIO CÉSAR

Vida

Vida
Editora Vida
Rua Conde de Sarzedas, 246 — Liberdade
CEP 01512-070 — São Paulo, SP
Tel.: 0 xx 11 2618 7000
atendimento@editoravida.com.br
www.editoravida.com.br
@editora_vida /editoravida

Direção: Renan Menezes
Editora-chefe: Sarah Lucchini
Editor responsável: Maurício Zágari
Assistente editorial: Larissa da Mata
Revisão de texto: Rosalice Gualberto
Revisão de provas: Paulo Peres
Coordenadora de design gráfico: Claudia Fatel Lino
Projeto gráfico e diagramação: Philipe Santos
Capa: Lira Lira

GOVERNE SUA MENTE

■

Todas as citações bíblicas e de terceiros foram adaptadas segundo o Acordo Ortográfico da Língua Portuguesa, assinado em 1990, em vigor desde janeiro de 2009.

■

As opiniões expressas nesta obra refletem o ponto de vista de seus autores e não são necessariamente equivalentes às da Editora Vida ou de sua equipe editorial.

Os nomes das pessoas citadas na obra foram alterados nos casos em que poderia surgir alguma situação embaraçosa.

Todos os grifos são do autor, exceto os indicados.

1. edição: abr. 2025
1ª reimp: jun. 2025

Dados Internacionais de Catalogação na Publicação (CIP)
(Câmara Brasileira do Livro, SP, Brasil)

César, Júlio
Governe sua mente: supere fortalezas e alinhe seus pensamentos à vontade de Deus / Júlio César. -- 1. ed. -- São Paulo : Editora Vida, 2025.

ISBN 978-65-5584-709-3
e-ISBN 978-65-5584-711-6

1. Cristianismo - Essência, natureza, etc. 2. Espiritualidade - Cristianismo 3. Guerra espiritual 4. Mente - Aspectos religiosos - Cristianismo 5. Moral cristã 6. Pensamentos 7. Princípios bíblicos I. Título.

25-261158 CDD-241.1

Índice para catálogo sistemático:

1. Pensamentos : Aspectos religiosos : Cristianismo 241.1
Aline Graziele Benitez - Bibliotecária - CRB-1/3129

Su
má
rio

Introdução

Que bom que você está aqui! Escrevi este livro com muito zelo para levá-lo a uma jornada de entendimento crucial sobre as complexidades da mente e as guerras espirituais que ocorrem nela. Nesta obra, você será equipado com estratégias práticas e espirituais para exercer governo sobre o seu pensamento, compreender as armas do Inimigo e vencer as batalhas que impactam sua vida diária.

Ao longo dos próximos capítulos, você receberá orientações valiosas para compreender sua mente e embarcar no processo de maturidade emocional. Por meio da compreensão da vontade de Deus, da importância do autoconhecimento e da transformação interior, você será capacitado a vencer as batalhas travadas no seu pensamento e alcançar uma vida abundante e plena. Que a bênção de Deus o acompanhe nesta jornada, preparando-o para vencer cada um desses embates mentais!

A mente é o território onde as batalhas espirituais mais significativas se desenrolam. Compreender isso é essencial, pois, assim como um habilidoso general antes de entrar no campo de batalha, precisamos nos armar de conhecimento. A analogia militar nos ensina que, para vencer, é necessário compreender o inimigo, discernir suas armas e entender o ambiente de guerra.

É com esta mentalidade estratégica que devemos tratar desse assunto. Por isso, evitarei neste livro entrar em debates filosóficos ou psicológicos densos, optando por uma abordagem mais objetiva e prática. Nos próximos capítulos, como pastor e estudioso, desejo levá-lo a explorar não apenas as questões da psicologia e da neurociência, mas também da espiritualidade.

A mente é o campo onde o inimigo, Satanás, ganha terreno, exercendo pressão sobre o nosso pensamento. Se ele o conquistar, dominará as emoções e, por fim, controlará todo o ser. Portanto, prepare-se para explorar não apenas o intelecto, mas a alma, esse território onde se desenrola a luta pela nossa integridade espiritual. Que essa jornada seja reveladora e inspiradora, conduzindo-nos à vitória sobre as pressões da mente.

Que Deus abençoe cada passo que daremos junto!

CAPÍTULO 1

O Senhor não está apenas interessado em alterar sua história; ele quer transformar sua mente.

Entenda o campo de batalha

Para compreender a mente humana, devemos, como generais em uma guerra, conhecer tanto o inimigo quanto o terreno em que estamos lutando. Vemos a sabedoria em agir dessa forma na vida de Moisés, por exemplo, que, ao enviar os espiões para explorar a terra prometida, demonstrou saber da importância de entender o adversário e o ambiente. Da mesma forma, para governar nossos pensamentos, é essencial conhecer as táticas de Satanás e o ambiente onde ele as põe em prática.

Em Isaías 55.8, o Senhor diz: "Pois os meus pensamentos não são os pensamentos de vocês, nem os seus caminhos são os meus caminhos". Isso deixa claro que não importa sobre o que você ou eu possamos ponderar, Deus anotou o que pensa acerca de nós em seu livro, a Bíblia. Devemos fazer a escolha de examinar nossos pensamentos à luz da Palavra de Deus, sempre dispostos a submetê-los à mente dele. Essa é exatamente a questão da qual trata 2Coríntios 10.4-5.

Satanás utiliza uma estratégia cuidadosa e uma operação de engano perspicaz, na tentativa de estabelecer em nossa mente "fortalezas" — áreas nas quais somos mantidos cativos devido a uma forma errada de pensar. Há pessoas presas na fortaleza do orgulho e da soberba. Outras estão encarceradas nas frustrações de um passado mal resolvido, que as assombram o tempo todo. A orfandade é uma das fortalezas mais fortes dos nossos dias e mina a identidade de muitos.

Examine o que está na sua mente. Se os pensamentos não estão de acordo com os de Deus, expostos na Bíblia, então lance fora o seu raciocínio e tome para si o que o Senhor pensa. Para fazer isso, você precisa conhecer a Palavra bem o bastante para comparar os seus pensamentos com o que está na mente divina.

Por exemplo: se você é assombrado pela ausência paterna, a Bíblia diz que você tem um Pai. Apegar-se ao que a Palavra de Deus diz fará você ressignificar esse pensamento e partir para o nível seguinte. O Maligno quer que você viva se autoflagelando e se vitimizando pela ausência paterna. No campo de batalha da mente, ou se perde ou se ganha a guerra que Satanás empreende contra você.

Minha oração é que você destrua os argumentos e toda pretensão maligna que se exalte contra o conhecimento de Deus, levando todo pensamento cativo, em obediência a Jesus Cristo, para que possa viver em vitória, alegria e paz. A realidade é que as pessoas alimentam a vaidade da própria mente, tornando-se cativas dessas fortalezas. Elas não apenas se destroem, mas, frequentemente, levam destruição aos que as cercam. Aquelas que vivem segundo a verdade do Senhor, por outro lado, são abençoadas e atraem bênçãos para outros.

As Escrituras revelam a importância da mente na transformação e quanto ela é necessária para que possamos governar nossas emoções. Paulo entendeu isso quando escreveu: "Transformai-vos pela renovação da vossa mente" (Romanos 12.2, ARA), impulsionando-nos a buscar essa alteração no jeito como pensamos. Deus sempre destacou a mudança de mentalidade como a chave para transformar o comportamento. Essa renovação é importante porque nos ajuda a identificar e experimentar a boa, agradável e perfeita vontade de Deus. Essa passagem revela que nossos pensamentos estão envolvidos em uma luta constante. A forma como pensamos influencia nossas ações e, por consequência, nossa vida. Portanto, essa renovação mental não é apenas uma sugestão, mas um passo necessário para viver de acordo com o propósito divino.

O Inimigo trabalha arduamente para nos afastar desse propósito. Ele usa mentiras e tentações para confundir nossos pensamentos. Em Efésios 6.12, Paulo nos lembra de que nossa luta não se dá apenas entre nós, seres humanos, mas contra forças espirituais da maldade. Isso significa que devemos estar atentos a influências externas e internas que podem nos desviar. Os pensamentos que surgem podem ser influenciados por pessoas ao nosso redor, pela mídia ou até mesmo por nossas inseguranças pessoais. Portanto, é fundamental analisá-los à luz da verdade que encontramos em Deus.

Entenda: o Senhor não está apenas interessado em alterar sua história; ele quer transformar sua mente. Porque, quando os pensamentos mudam, a história muda junto. Muitas vezes, pedimos uma mudança nas circunstâncias, mas resistimos à transformação mental que deve precedê-la. Deus quer mudar não só sua situação, mas também sua perspectiva e mentalidade, trazendo uma mudança verdadeira e duradoura. Tudo o que você vai experimentar e desfrutar está ligado ao seu entendimento.

Os perigos de uma mente escravizada

Uma mente cativa vai impedir você de avançar e o fará andar em círculos. No êxodo, Israel tinha acabado de sair do Egito, por meio de uma libertação sobrenatural da parte de Deus. Os israelitas já estavam a caminho da terra prometida e séculos de escravidão tinham ficado para trás.

Bem... será?

Na primeira noite de liberdade, eles perguntaram a Moisés se não havia cemitérios suficientes no Egito, porque acharam que o exército do faraó os alcançaria e mataria. Mesmo depois de terem testemunhado o monarca deixando-os ir, eles ainda estavam céticos. Depois, começaram a ter saudade da comida da terra onde viviam cativos, a ração que comiam para produzir tijolos, porque achavam que morreriam de fome. Eram livres, mas raciocinavam como escravos. Em vez de olhar para frente e ver o que ainda viriam a ser, continuavam presos ao que tinham deixado para trás.

Da mesma forma, muitas pessoas estão presas a uma mentalidade de escravo. O próprio Moisés precisou de um processo para ser livre das amarras da mente, por isso Deus o levou a um processo doloroso de libertação para que pudesse liderar o povo na saída do Egito. Quem lidera com mentalidade de escravo não conseguirá ser libertador, pois levará seus liderados de volta ao cativeiro.

Para aquele povo, a rotina do Egito lhes dava, sim, uma certa sensação de segurança, mas cobrava um preço altíssimo em sua vida, energia, capacidade produtiva e no futuro dos seus filhos. Deus não quer só nos tirar do Egito, mas retirá-lo de dentro de nós. Ele não almeja só tirar você do mundo, mas tirá-lo de dentro de você. O Senhor pode fazê-lo livre em todas as áreas, mas, antes, ele vai arrancar a sua mentalidade de escravo.

O Todo-Poderoso propôs aos israelitas um futuro livre, sem amarras nem chicotes? Isso viria com uma certa dose de espírito aventureiro. Seria uma vida de fé. Era preciso ajustar a mentalidade deles para usufruírem dessa nova realidade. Afinal, evoluir na vida exige mais do que *pensar grande*, depende de *pensar livre*.

Pergunte-se: sua mente funciona como a de um escravo — que só pensa em comer, beber, trabalhar e morrer — ou como a de alguém verdadeiramente livre, que olha para as promessas e descansa nas mãos do Eterno? Vamos ilustrar esse conceito com um exemplo prático. Imagine encontrar um morador de rua em sua cidade, alguém em situação financeira e social deplorável. Com compaixão, você o leva para casa, dá-lhe um banho, cuida das unhas, arruma o cabelo e o veste com roupas limpas e bonitas. Mesmo com todo esse conforto, ele pode ter dificuldades de se ajustar ao ambiente em que você o inseriu.

Esse exemplo revela uma verdade importante. A dificuldade de adaptação não ocorre apenas no ambiente material, mas em relação à mentalidade que a pessoa desenvolveu ao longo do tempo. Lembro-me do filme *O conde de Monte Cristo*, no qual o personagem principal, após anos de prisão, prefere dormir no chão, mesmo tendo uma cama luxuosa disponível. Isso mostra que a adaptação vai além das condições materiais; está ligada à mentalidade formada ao longo dos anos.

Portanto, quando ajudamos alguém a sair da miséria material ou social, é crucial entender que essa pessoa também precisa de uma transformação mental. Não se trata apenas de mudar a aparência, mas de trabalhar nas crenças enraizadas na mente. Deus não quer apenas nos tirar da miséria; ele deseja erradicar a miséria que se instala dentro de nós.

A verdadeira transformação ocorre quando a mente é renovada. Se o Senhor remove a miséria dos nossos pensamentos, veremos uma metamorfose ao redor. A transformação interior precede e guia a exterior. Chegou a hora de se libertar dessa mentalidade que o mantém fora do seu propósito.

O filho pródigo e sua mudança de mentalidade

O exemplo do filho pródigo nos leva a refletir profundamente sobre a importância de termos uma mentalidade preparada para receber as bênçãos de Deus. Apesar de ter reivindicado sua herança, aquele homem perdeu tudo por causa de sua mentalidade de escravo. Ele acabou vivendo no chiqueiro de porcos, um símbolo claro da perda e do estado deplorável em que se encontrava. Veja a importância da mentalidade correta para desfrutar das bênçãos divinas.

Embora o pai não tivesse a intenção de conceder a herança naquele momento, ele permitiu. Não era sua vontade nem o tempo certo, mas aquele senhor concordou com o pedido do filho. Às vezes, Deus nos dá algo fora do tempo designado, não porque seja sua vontade direta, mas para nos transformar e nos fazer crescer e amadurecer. O Eterno quer que morra o menino e venha a nascer o homem — uma mentalidade ajustada em Deus vive a maturidade que vem dele.

É crucial entender que aquilo que Deus dá fora do tempo designado faz parte de sua permissão e não necessariamente de sua vontade diretiva. Um exemplo claro é o de Abraão e Ismael: o Senhor permitiu que aquele menino nascesse, mas isso não era seu desejo original. Essa permissão é uma ferramenta para nossa transformação.

Agora que entendemos que a verdadeira transformação vai além da mudança de lugar, precisamos descobrir como Deus deseja trabalhar em nossa vida e preparar nossa mente para viver seu propósito. Por exemplo, ao liderar o povo de Israel para a terra prometida, o Todo-Poderoso não estava apenas mudando o local físico, mas forjando uma mudança mental. Ele guiou os israelitas pelo deserto e os fez atravessar o rio Jordão e conquistar Jericó. Todo esse processo não foi apenas para mudar o cenário, mas para transformar a mente deles. Sem essa mudança, a terra prometida poderia se tornar um novo Egito, onde aquelas pessoas repetiriam os velhos padrões de escravidão.

Deus quer não só tirar você da miséria externa, quer erradicar a interna. A saída do Egito é uma metáfora para a liberdade mental e o favor de Deus sobre nós: para realmente possuirmos a terra prometida, nossa mentalidade precisa mudar.

Preparação mental para receber as bênçãos

Acredite: há bênçãos que Deus só vai lhe conceder quando sua mentalidade estiver alinhada com a vontade dele. Portanto, ao orar, é crucial que você esteja preparado para receber o que está pedindo. Ao falar com Deus, deixe claro o que está solicitando e peça-lhe para moldá-lo segundo o querer divino.

É impossível viver com excelência e desfrutar das bênçãos de Deus sem um alinhamento mental. Existe uma programação do pensamento para o sucesso, uma forma de utilizar o cérebro que nos favorece para sermos bem-sucedidos. Ele é como um computador: nele podemos instalar programas e salvar informações que o farão agir conforme desejamos. Alimentar a mente com crenças positivas aumenta as chances de sucesso, enquanto pensamentos negativos atuam como barreiras.

Além disso, é preciso renová-la continuamente. Ninguém conquista sucesso sem se abrir ao novo — afinal, Deus não derrama vinho novo em odres velhos.

Uma boa estratégia para melhorar a programação mental é buscar cursos e treinamentos, ler bons livros e aprender constantemente. Esse arcabouço de conhecimento traz segurança, pois é difícil sentir-se preparado sem o mínimo de conhecimento. O estudo continuado enriquece a mente e motiva, sendo um grande propulsor da vida.

O autor, empresário e palestrante motivacional T. Harv Eker afirmou: "O corpo só realiza e alcança aquilo que a mente acredita".[1] Quem quer conquistar algo grande precisa, antes de tudo, construir a programação mental adequada. O cérebro controla o corpo, logo, os estímulos corretos fazem o corpo responder da melhor forma.

Deus nos convida a viver em sua vontade e experimentar uma vida abundante e plena. Compreender a diferença entre permissão e vontade divina é essencial, pois o Senhor usa ambas para moldar nosso caráter e guiar-nos ao propósito que ele tem para nós. Sua vontade é soberana e sua permissão é um caminho para entender que tudo é perfeito em seu tempo e forma. Em muitos

---

[1] Eker, T. Harv. **Os segredos da mente milionária. Rio de Janeiro: Sextante, 2006, p. 172.**

momentos, dobrei meus joelhos e pedi a Deus bênçãos que hoje estou desfrutando, mas a permissão dele me levou por um processo de dor e renúncia que me moldou e trouxe maturidade.

Em suas orações, peça mais "Deus, prepara-me" do que "Deus, dá-me". A ênfase deve estar na preparação da mente, o que permite uma transformação interior. Isso não apenas o deixa pronto para receber, mas também revela quem você realmente é e destaca a necessidade de transformação.

Acredite: você só pode receber as bênçãos
de Deus quando sua mente está pronta
para isso. Deus não fará nada por você
sem antes fazer em você.

CAPÍTULO 2

Sempre que Deus lhe der uma direção, sua mente será bombardeada por dúvidas e incertezas. Somente a fé tem o poder de fazer você caminhar, apesar de todos os desafios que surgirem à frente.

Entenda as armas do Inimigo

Quando tratamos da mente, é vital retornarmos à origem da humanidade. No universo bíblico, a serpente, caracterizada pela astúcia, lança seu primeiro ataque diretamente no campo dos pensamentos da mulher: "Ora, a serpente era mais astuta que todas as alimárias do campo que o SENHOR Deus tinha feito. E esta disse à mulher: É assim que Deus disse: Não comereis de toda a árvore do jardim?" (Gênesis 3.1, ARC). O Diabo, ao questionar o que o Criador havia dito, semeia dúvida, abrindo caminho para influenciar não apenas a mente, mas o coração e as emoções.

A Bíblia descreve as táticas de Satanás como "maquinações" ou "artimanhas", e esse incidente no Éden ilustra bem isso (cf. Efésios 6.11, ACF). Não se trata de uma fábula sobre um animal que falava, mas de uma estratégia inteligente e amedrontadora elaborada para afastar as pessoas de Deus. Aproveitando-se da inexperiência de Eva, o Diabo armou um plano para enganá-la. Travestida de serpente, uma criatura cautelosa, ocultou seus ambiciosos objetivos.

As palavras que o Inimigo escolheu revelam muito, pois semeou dúvidas na mente da mulher, insinuando que o Eterno estava retendo algo bom dela, restringindo sua liberdade desnecessariamente. A trama de Satanás só daria certo se o egoísmo dela fosse maior que seu amor pelo Deus que lhe tinha dado tudo o que possuía (cf. Gênesis 3.4-5, ACF). Tragicamente, a estratégia funcionou, pois nem Eva nem Adão haviam cultivado o amor e o apreço por Deus que deveriam ter.

Esse é o cuidado que todos precisamos ter. Proteger nossa mente e zelar por nossas emoções é tarefa nossa. Como nos lembra o sábio conselho bíblico, proteger o coração está intrinsecamente ligado ao controle dos pensamentos. Vamos aprofundar nosso entendimento explorando as lições preciosas de Gênesis.

Nesta jornada de conhecimento, é essencial compreender a sistemática de operação de Satanás. Nas intricadas batalhas mentais que enfrentamos, a primeira estratégia dele é lançar sugestões — semear dúvidas acerca do que Deus disse sobre nós.

Imagine-se como Eva, confrontado com a sutil pergunta do Maligno. Se não rejeitamos de imediato essa indagação, se não resistimos a essa sugestão, ela pode enraizar-se e, como uma planta insidiosa, tomar espaço. Aquela mulher, ao não rejeitar a dúvida inicial, tornou-se vulnerável a sucessivas investidas de Satanás, até que ele exerceu domínio sobre ela.

As dúvidas lançadas pelo Adversário são como flechas contra a verdade que o Todo-Poderoso estabeleceu em nossa vida. Assim como questionou Eva no Éden, hoje ele continua a questionar a identidade dos filhos de Deus. A estratégia é clara: semear dúvidas acerca da Palavra de Deus, minando a confiança nas promessas divinas.

As dúvidas são, muitas vezes, as raízes do medo — um medo que atrapalha o bom andamento dos propósitos divinos. Na tentação de Jesus no deserto, Satanás também tenta questionar a identidade do Filho de Deus, mas o Messias se mantém firme na Palavra, resistindo às investidas do Inimigo.

Assim como Cristo enfrentou essas batalhas espirituais na mente, nós também enfrentamos diariamente questionamentos e dúvidas que tentam minar nossa fé e nossa confiança na Palavra de Deus. Reconhecer esses ataques, resistir às dúvidas e reafirmar a verdade do Criador sobre nós é crucial para que os projetos divinos em nossa vida não sejam paralisados.

Todas as vezes que Deus me lança para um grande desafio, minha mente é bombardeada por dúvidas, incertezas e medo. Pensamentos cheios de mentiras surgem para me tirar do caminho. Nesses momentos, eu me apego às promessas dadas por Deus e lembro-me de cada uma delas. Isso alimenta a minha fé para enfrentar esses desafios. A escolha sempre será nossa. Por isso, descarte tudo o que o afasta das promessas do Senhor.

Que possamos, em meio às batalhas espirituais, encontrar força na identidade que o Altíssimo nos deu, resistindo aos questionamentos e afirmando, com confiança, as verdades que ele nos revelou.

Reflexão para sua mente: o que está minando sua fé?

Quantas dúvidas Satanás tem lançado em seus pensamentos? Convido você a refletir sobre as sugestões que tentam minar sua confiança na Palavra de Deus. Não devemos apenas aprender, mas reconhecer e resistir às armas do Inimigo.

Quantas dúvidas têm ocupado espaço em sua mente? Por meio desse entendimento, começamos a compreender que a arma mais poderosa do Adversário é a dúvida. E por quê? Porque, ao nos envolver em um emaranhado de incertezas, ele alcança seu objetivo primordial: desviar nosso foco da verdade divina.

As três etapas das artimanhas do Inimigo

1. Desviar o foco (1Pedro 5.8)

O cerne das artimanhas do Maligno está em sua habilidade de desviar o nosso foco, um primeiro objetivo que se desdobra em várias armadilhas. Quantas vezes, diante de dúvidas sutis, você perdeu o foco no que realmente importa?

2. Distração (Juízes 16.19-30)

Após desviar o foco, o segundo movimento do Inimigo é ainda mais sutil: ele busca nos distrair. Na história de Eva e da serpente, Satanás a envolveu em uma teia de distrações, desviando-a do propósito original. Quantas vezes você já se deixou envolver por questões que o distraíram e o afastaram do seu propósito?

Lembra-se de Sansão? Dalila não era inimiga dele, mas foi usada pelos filisteus como distração.

3. Roubo

O Inimigo também quer roubar. Após desviar o foco e criar distrações, ele busca arrancar de nós aquilo que verdadeiramente importa: nosso propósito e nosso alinhamento com Deus. A parábola do semeador, encontrada em Mateus 13.1-23, fala sobre um agricultor que lança sementes em diferentes tipos de solo, representando diferentes reações à Palavra de Deus. Essa parábola poderosa de Jesus nos ensina que Satanás pode roubar a Palavra de Deus de nossa vida de várias maneiras: por meio de falta de entendimento (mente), dificuldades, preocupações mundanas e riquezas enganosas. O segredo é rejeitar todo pensamento contrário ao propósito de Deus e cultivar um coração receptivo e perseverante, permitindo que a mensagem do Reino crie raízes profundas e produza em nós frutos abundantes.

Estas são as etapas das artimanhas malignas: tirar o foco, distrair e roubar. Convido você a refletir sobre esses padrões em sua vida. Reconheça as táticas do Diabo, pois a compreensão é o primeiro passo para a vitória.

A batalha espiritual na mente

A batalha espiritual na mente é uma realidade que muitos enfrentam diariamente. É uma luta invisível, mas intensa e contínua — um conflito entre o bem e o mal, entre os pensamentos que vêm do

Senhor e as mentiras do Maligno. Para entendermos melhor essa luta, precisamos olhar para a Palavra de Deus, que nos oferece clareza e orientação. Ao falarmos em batalha espiritual, alguns imaginam anjos lutando fisicamente contra demônios, ou até mesmo humanos enfrentando esse tipo de luta corporal. No entanto, a batalha espiritual é muito mais sutil: uma de suas principais frentes é mental.

Ao pensar na mente como um jardim, recordamos que no Éden tudo era pacífico, sem pecado e sem maldade. Satanás usou essa normalidade para se aproximar de Eva. Ela não se assustou com a serpente e até conversou com ela. Será que isso significa que os animais falavam no Éden? O texto bíblico não explica isso diretamente, mas podemos compreender que eles têm sua forma de comunicação. Quem tem um cachorro, por exemplo, sabe identificar quando ele está feliz ou com fome, como se "só faltasse falar"!

Foi assim que o Adversário iniciou uma conversa com a mulher, perguntando de forma insinuante: "É verdade que Deus disse que não se pode comer de nenhum fruto das árvores do jardim?" Ao responder, Eva mencionou a proibição sobre a árvore que estava no meio do jardim. É interessante notar que ela e a serpente não estavam próximas da árvore, como vemos em algumas ilustrações. Se estivessem, creio que a mulher teria dito "desta árvore" em vez de "da árvore que está no meio do jardim". Isso sugere que a serpente escolheu um momento e um local adequados para preparar a cilada.

Eva perdeu a batalha ao permitir que o argumento do Inimigo entrasse em seus pensamentos. Em vez de repreendê-lo, ela aceitou suas palavras e, assim, mudou a percepção sobre o fruto proibido. O que antes era um alimento a ser evitado, agora parecia bom, agradável e desejável. Esse foi o começo do processo de derrota.

A estratégia do Inimigo na mente: como as ciladas sutis nos impactam?

Cada derrota começa com um mau pensamento, que leva a uma má decisão e, por fim, gera uma consequência negativa. Eva começou a pensar mal de Deus, acreditando que ele a havia enganado, o que a levou a tomar o fruto e comê-lo, compartilhando-o com Adão. A consequência foi terrível: ambos caíram, perdendo o plano maravilhoso que o Eterno havia traçado para eles e sua descendência.

Satanás é perito em armar ciladas. Por isso, precisamos estar alertas, sabendo que ele pode se esconder atrás de novidades e até de oportunidades, tentando nos pegar pela nossa necessidade e trazendo prejuízo e destruição. Antes de tomar qualquer decisão, consulte o Senhor. Peça a orientação e a confirmação dele para não cair nas "astutas ciladas do diabo", como aconteceu com Eva.

Lembre-se sempre de que nossa verdadeira luta não é contra pessoas, mas contra forças espirituais do mal que tentam influenciar nossos pensamentos e ações, como afirmou o apóstolo Paulo: "Porque a nossa luta não é contra o sangue e a carne, mas contra os principados e as potestades, contra os dominadores deste mundo tenebroso, contra as forças espirituais do mal, nas regiões celestiais" (Efésios 6.12, NAA).

Como discernir uma guerra espiritual

Perceber que estamos em uma guerra espiritual é reconhecer os sinais de que nossos pensamentos e emoções estão sendo atacados. Alguns desses sinais incluem:

- Pensamentos negativos e repetitivos: pensamentos de dúvida, medo, insegurança ou desespero se tornam constantes e dominam nossa mente.
- Confusão mental: sentimentos de confusão e a incapacidade de tomar decisões claras podem ser um indicativo de batalha espiritual.
- Falta de paz: uma sensação contínua de inquietação e ansiedade pode sinalizar que estamos em uma guerra espiritual.
- Tentação constante: sentir-se permanentemente tentado a se afastar dos princípios de Deus é outro claro indicativo de um ataque espiritual.

Ensinamentos bíblicos para vencer a batalha da mente

A Bíblia nos oferece a chave para vencer as batalhas espirituais no campo dos pensamentos. Algumas ferramentas fundamentais incluem:

- Renovação da mente: o abandono de antigos modelos de pensamento e a adoção de novos, por meio da meditação na Palavra de Deus, é essencial para vencer as batalhas espirituais. "E não vos conformeis com este século, mas transformai-vos pela renovação da vossa mente, para que experimenteis qual seja a boa, agradável e perfeita vontade de Deus" (Romanos 12.2, ARA).

- Vigilância e oração: conversas constantes com o Pai e a atenção aos perigos nos ajudam a resistir às tentações e aos ataques do Maligno. "Vigiai e orai, para que não entreis em tentação; na verdade, o espírito está pronto, mas a carne é fraca" (Mateus 26.41, ACF).
- Palavra de Deus: o conhecimento das Escrituras é uma ferramenta poderosa contra os maus pensamentos e a percepção da verdade. "Pois a palavra de Deus é viva, eficaz e mais afiada que qualquer espada de dois gumes. Ela penetra a ponto de dividir alma e espírito, juntas e medulas, e é apta para julgar os pensamentos e as intenções do coração" (Hebreus 4.12).

Seja autoridade sobre sua mente

A palavra "autoridade" refere-se ao poder atribuído a alguém. Esse poder vem de Deus, que outorga a quem deseja (cf. Romanos 13.1-2). O Criador deu a Adão a autoridade para cuidar do jardim (cf. Gênesis 2.15, por exemplo). Autoridade é ser revestido de poder para liderar, dar ordens, tomar decisões e agir dentro dos limites e propósitos estabelecidos por Deus. A autoridade espiritual é o poder dado pelo Onipotente aos seus filhos para resistir ao Maligno e declarar a verdade sobre sua vida.

A autoridade em Cristo

Jesus nos concedeu essa capacidade: "Eis que vos dou poder para pisar em serpentes e escorpiões, e sobre toda a força do inimigo; e nada vos fará dano algum" (Lucas 10.19, ACF). A resistência ao Diabo, porém, não pode ser feita com dúvida. É preciso ter firmeza, como Jesus exemplificou: "Mas ele, virando-se, e olhando para os seus discípulos, repreendeu a Pedro, dizendo: Retira-te de diante de mim, Satanás; porque não compreendes as coisas que são de Deus, mas as que são dos homens" (Marcos 8.33, ACF).

Não podemos andar no Espírito e ser reféns de pensamentos que nos afastam do propósito divino para nossa vida. Por isso, é essencial repreendê-los sempre. Não pense que eles irão embora sozinhos; é necessário confrontá-los, repreendê-los e resistir a eles com a autoridade do nome de Jesus.

A batalha espiritual no âmbito dos pensamentos é real e intensa, mas Deus nos deu as ferramentas necessárias para vencê-la. Ao discernir os sinais de uma guerra espiritual, devemos renovar nossa mente com a Palavra de Deus, usar a autoridade espiritual e a armadura de Deus, assim podemos viver em vitória, mantendo nossos pensamentos alinhados com a vontade do Senhor. Os filhos de Corá usaram essa autoridade ao falar consigo mesmos: "Por que estás abatida, ó minha alma, e por que te perturbas em mim? Espera em Deus, pois ainda o louvarei pela salvação da sua face" (Salmos 42.5, ACF).

Peça a Deus para moldar você para o propósito dele. Em suas orações, busque mais por Deus preparando você do que simplesmente concedendo algo.

CAPÍTULO 3

O que tem sido cultivado no jardim de sua mente?

O jardim da mente

No que diz respeito às emoções, é essencial que conheçamos a nossa mente para entender de onde vêm nossos sentimentos, pensamentos e crenças limitantes. Reconhecer a própria essência é um passo fundamental, pois, com isso, chegamos à raiz do nosso ser. Como pastor, posso afirmar que essa jornada de autoconhecimento foi transformadora na minha vida. Se você deseja entender a mente humana e transformar comportamentos que podem comprometer seu sucesso e felicidade, é preciso olhar para dentro de si, como Paulo nos ensina: "Examine-se, pois, o homem a si mesmo [...]" (1Coríntios 11.28, ACF).

O que fará a diferença na sua vida é quanto você se conhece. Já parou para pensar por que reage de certas maneiras? O que faz com que você se magoe com facilidade, ofenda-se por pequenas coisas ou até se esconda, criando barreiras? Timidez, dificuldade de confiar ou o hábito de falar demais... tudo isso aponta para a necessidade urgente de um olhar mais atento sobre si.

Por que não respirar, acalmar-se e contar até três antes de falar, em vez de agir impulsivamente e depois se arrepender? O que faz com que tudo o abale? Por que o medo se torna um obstáculo? É crucial compreender a si mesmo, pois ninguém é perfeito. Todos somos falhos, mas não podemos deixar de buscar alcançar a estatura do varão perfeito, como nos encoraja a Palavra de Deus. A evolução acontece quando procuramos ser melhores do que fomos ontem, alinhando nossa vida à vontade divina. Essa busca incessante pela melhoria é a verdadeira revolução que pode acontecer em nós.

O autoconhecimento, como a própria palavra diz, é o conhecimento que uma pessoa tem sobre si mesma. É uma investigação individual que busca identificar quais são as características mais marcantes, os gostos, as inclinações, os padrões de comportamento e os sentimentos vivenciados por ela. Esse aspecto pode colaborar com o desenvolvimento da autoconfiança necessária para tomar decisões, planejar o futuro e definir objetivos e metas de forma eficiente. Conhecer-se mais e melhor também ajuda no controle das emoções, tanto negativas quanto positivas. Dominá-las é uma forma de evitar problemas de autoestima, ansiedade, frustração e instabilidade emocional, entre outras dificuldades psicológicas.

Sendo assim, o autoconhecimento é benéfico no âmbito pessoal, espiritual e profissional. Por meio dele, é possível efetuar escolhas e tomar decisões que facilitem o cotidiano, além de entendermos qual é a vontade de Deus para nós.

Quero compartilhar algumas orientações valiosas para que você entenda sua mente e dê início a essa jornada de maturidade emocional. Já mencionei isso em muitas das minhas aulas, mas é tão importante que não posso deixar de repetir, especialmente para aqueles que estão me conhecendo agora: sua mente é como um jardim, e você é o jardineiro encarregado de cuidar dele.

Utilizo essa metáfora para transmitir que nossa mente é um espaço que precisa ser tratado com carinho e atenção. Quando Deus ordenou a Adão que cuidasse do Éden, não estava falando apenas sobre o paraíso físico, mas sobre a importância de zelar por si. Portanto, deixo uma pergunta para você refletir: o que tem sido cultivado no jardim da sua mente? Essa é uma reflexão fundamental, que revela a sabedoria necessária para administrar esse espaço interior tão precioso.

Conheça suas fraquezas

Todas as pessoas têm pontos fortes e fracos; afinal são eles que constituem a personalidade de cada um de nós. No entanto, muitos não conhecem as próprias qualidades e limitações, enfrentando dificuldades para definir a utilização dessas características a seu favor.

Segundo a mitologia grega, Aquiles era um guerreiro formidável, com uma história complexa. Na *Ilíada*, de Homero, ele surge no final da guerra de Troia como um personagem preeminente. Sua trajetória é tão dramática que poderia fazer o mais emotivo dos contadores de histórias chorar. Basta dizer que ninguém foi como ele. Embora movido pela raiva, Aquiles demonstrava precisão e habilidade ao liderar os gregos na batalha. Contudo, muitos de nós o conhecemos principalmente por causa de seu calcanhar.

Na narrativa de Homero, Aquiles não morre, mas uma lenda grega posterior conta que ele foi ferido mortalmente no calcanhar. O termo "calcanhar de Aquiles" tornou-se uma das expressões mais populares da cultura ocidental, referindo-se a um ponto fraco capaz de levar alguém à derrota. Aí você se pergunta: "Se essa ideia vem da mitologia grega, o que tem a ver com a realidade dos filhos de Deus?". A sabedoria divina nos apresenta uma perspectiva diferente. Aqueles que acreditam em Jesus não têm um calcanhar de Aquiles — nós somos o próprio calcanhar.

Explico: a mitologia grega nos mostra um guerreiro invencível com uma fraqueza que, ao ser explorada, derrota-o. Já a realidade dos filhos de Deus revela um servo frágil e dependente que, quando reconhece suas fraquezas, encontra a vitória no Senhor. Somos falhos e dependentes de um ser que é forte. Até mesmo em nossa força pode haver fraqueza. Consegue compreender isso?

Reconhecer nossa total fraqueza significa que olhamos para nós mesmos o suficiente para entender que não podemos vencer sem olhar para outro. Admitir nossas fragilidades é reconhecer que precisamos desesperadamente de Deus. Essa aceitação traz uma onda de vigor, pois entendemos que nossa obra deve estar nas mãos de Deus, e não nas nossas.

É como trocar uma bicicleta por uma Ferrari — há mais "cavalos de potência". Como vencer a fraqueza sexual sem ele? Como vencer o amor ao dinheiro sem ele? Como vencer o orgulho e a soberba sem ele? Como vencer a depressão sem ele?

Reconhecer nossas fraquezas nos traz paz, porque percebemos que Deus nos ama por sua graça, e não por nossas forças. A alegria não está em nossas habilidades, mas na aprovação que o Pai nos dá em Cristo — aquele que nos escolheu antes da fundação do mundo, de acordo com seu propósito e sua graça (cf. 2Timóteo 1.9).

Quando nos restringimos em nós mesmos, limitamos o potencial de Deus. Definimos as possibilidades com base em nossas capacidades, em vez de confiarmos no poder do Senhor. Saber que somos fracos destrói a autossuficiência. Confessamos ser indivíduos profundamente danificados, sem esperança de realizar qualquer bem duradouro neste mundo, a menos que o Deus que ressuscita os mortos opere por nosso intermédio. E é exatamente isso que ele faz.

O mesmo poder que levantou Cristo dos mortos está disponível para nós, como Paulo escreve: "[...] a incomparável grandeza do seu poder para conosco, os que cremos, conforme a atuação da sua poderosa força. Deus exerceu esse poder em Cristo, ressuscitando-o dentre os mortos e assentando-o à sua direita nas regiões celestiais" (Efésios 1.19-20). Reconhecer nossas fraquezas nos leva a compreender que o trabalho divino deve ser realizado pelo poder de Deus. E, se está nele, podemos sonhar alto. O Onipotente é forte o suficiente para fazer tudo o que quiser (cf. Salmos 135.6).

Conhecer suas limitações é uma oportunidade para buscar no Eterno a força necessária para superá-las e aprender coisas novas. Contudo, também é importante fazer a sua parte para lidar com essas fraquezas. Isso pode incluir cursos, treinamentos, apoio psicológico ou outras iniciativas que ajudem a mitigá-las. Mas lembre-se: ainda que você dedique esforços para superar suas falhas, sua dependência de Deus deve ser maior do que tudo o que você possa fazer.

Nutrindo pensamentos saudáveis

Assim como um jardineiro cuida das plantas com atenção, regando, podando e removendo as ervas daninhas, é crucial que também dediquemos tempo e esforço para nutrir nossa mente, garantindo que floresçam pensamentos e sentimentos saudáveis.

Ao longo de nossa jornada, muitas sementes foram plantadas em nossa mente. Nem todas foram sem nossa participação; algumas, porém, foram cultivadas por influências externas que permitimos entrar. Quero reforçar este ponto: há coisas em sua mente que não foram plantadas por você, mas que você permitiu que alguém plantasse.

Por vezes, o Adversário utiliza pessoas, situações ou circunstâncias para semear pensamentos negativos, dúvidas ou inseguranças. Por falta do exercício de governo sobre nossa mente, por imaturidade ou por falta de sabedoria, acabamos concedendo espaço para que essas sementes sejam plantadas. É fundamental reconhecermos esses momentos em que permitimos que influências externas moldassem nossa mentalidade.

Um exemplo claro disso é observado em uma criança que, desde cedo, ouve repetidamente a expressão "não tem dinheiro".

Essa mensagem é plantada em sua mente de maneira consistente e, ao longo do tempo, é cultivada. A criança cresce internalizando a ideia de escassez financeira, o que gera uma mentalidade de privação. Essa forma de enxergar a vida pode resultar em desafios na gestão financeira quando ela se tornar um jovem, criando, com isso, obstáculos para lidar com as finanças.

Outro exemplo pode ser encontrado na influência visual, como uma criança que é exposta à pornografia. Imagine uma situação acidental, em que ela se depara com uma cena explícita em uma revista. O que foi plantado na mente dela naquele momento, seja acidental ou circunstancial, pode se tornar um fator significativo em seu desenvolvimento.

Cuidando do jardim da mente

É fundamental compreender que muitos dos desafios que enfrentamos na vida têm raízes em sementes plantadas no solo da nossa mente, o que influencia nosso crescimento e desenvolvimento ao longo do tempo. O reconhecimento dessas influências é o primeiro passo para cultivar uma mentalidade saudável e positiva.

Lembre-se sempre disso: a mente é um terreno fértil, mas, assim como em qualquer jardim, há uma serpente disposta a entrar nela. A serpente, fonte da mentira e do engano, pode infiltrar-se em nossa mente, semeando dúvidas, minando a fé e roubando a esperança.

Quantas vezes permitimos que essas mentiras perturbem nossa alma, tirem o nosso sono e nos impeçam de alcançar a excelência? Muitas vezes, nossas decisões são afetadas por esses diálogos internos, o que nos leva à paralisia por medo, dúvidas e questionamentos. Os diálogos internos são desafios significativos, pois silenciar os pensamentos é mais difícil do que silenciar alguém. Identificar quando a serpente está semeando mentiras é crucial para não sermos conduzidos por falsas narrativas. Esses sentimentos minam nossa fé e criam uma sensação de desamparo e frustração. É como se estivéssemos lutando contra um inimigo invisível, que alimenta nossas inseguranças e preocupações.

Muitas vezes, esses diálogos internos nos fazem odiar pessoas sem motivo aparente, desconfiar de situações infundadas ou acreditar no que não é verdadeiro. A conscientização desse processo permitirá que enfrentemos as batalhas espirituais, oremos e busquemos livramento das influências negativas em nosso jardim mental.

A mente é um terreno fértil, mas, assim como em qualquer jardim, há uma serpente disposta a entrar nela.

CAPÍTULO 4

É difícil desfrutar e apreciar o que fazemos
quando a autocrítica é constante.

O veneno dos pensamentos negativos

Pensamentos intrusivos

Ir mal em uma apresentação de trabalho, sentir que vai bater o carro, imaginar-se jogando o celular pela janela ou em situações vergonhosas em público: esses pensamentos são conhecidos como pensamentos intrusivos. "Entrada ilegal ou proibida, sem convite" é uma das definições da palavra "intrusão" no dicionário Michaelis em português. Daí vem o termo "pensamentos intrusivos", referindo-se a ideias que surgem na mente com imagens e conteúdos desagradáveis.

O que muitos não sabem é que essas imaginações são comuns e não necessariamente indicam uma doença psicológica ou outro problema de saúde. Pensamentos intrusivos aparecem de forma espontânea e inconsciente, sendo difíceis de afastar. Muitas vezes, causam estranheza e não refletem nossos verdadeiros valores, nem indicam, necessariamente, um desejo ou vontade.

Pesquisadores da Universidade da Colúmbia Britânica (UBC), no Canadá, investigaram a ocorrência desses pensamentos entre mulheres no pós-parto. Segundo o estudo, é comum que muitas mães tenham pensamentos intrusivos relacionados a causar algum dano ao próprio bebê.

Entre as 151 mulheres que manifestaram esses pensamentos de dano intencional, quatro relataram comportamento agressivo em relação ao bebê, resultando em uma prevalência estimada de 2,6%. "O que sabemos é que, quando os pensamentos são indesejados e intrusivos, a mãe não está mais em risco de prejudicar seu bebê do que outras mulheres que têm apenas pensamentos acidentais de prejudicá-los. Esses pensamentos são realmente normais e acontecem o tempo todo", explica Nichole Fairbrother, professora associada do departamento de Psiquiatria da UBC.[1]

Esses pensamentos geralmente vêm acompanhados de uma sensação de falta de controle, uma das características mais desafiadoras de lidar. Quando negativos, podem estar ligados a medos atuais ou a traumas do passado. O problema começa quando eles se instalam na mente e permanecem por tempo indeterminado. Muitas pessoas relatam dificuldade em controlá-los ou afastá-los; a sensação é de que, quanto mais tentam combatê-los, mais fortes e frequentes eles se tornam.

Com o tempo, essas críticas internas se fortalecem, alimentadas por experiências como comentários desmotivadores de pais ou figuras de autoridade. Palavras como "ovelha negra", "sem valor" ou "destinado à infelicidade" podem se transformar em um agente crítico

---

[1] COLLARDEAU, F., CORBYN, B., ABRAMOWITZ, J. *et al.* "Pensamentos maternos indesejados e intrusivos de danos relacionados ao bebê, transtorno obsessivo-compulsivo e depressão no período perinatal: protocolo de estudo". **BMC Psychiatry** 19, 94 (2019). Disponível em: https://doi.org/10.1186/s12888-019-2067-x. Acesso em: 24 fev. 2025.

interno, moldando crenças e comportamentos. Se esses pensamentos não forem reconhecidos e ressignificados, podem evoluir para obsessões, contribuindo para o desenvolvimento de condições como depressão, ansiedade e transtorno obsessivo-compulsivo (TOC).

Por isso, buscar conhecimento sobre o assunto e, quando necessário, ajuda profissional, é fundamental.

Como identificar e vencer esses pensamentos

Quantas vezes criamos empecilhos para situações que nem sequer aconteceram? Ou tentamos, em nossa mente, juntar os pedaços de um prato que ainda nem se quebrou? Esses pensamentos, que antecipam problemas, são os que mais geram ansiedade. Eles aumentam o medo e a aflição, ampliando a dimensão de algo que, muitas vezes, nem chega a existir. É o famoso "E se...".

As origens dos pensamentos intrusivos são diversas, geralmente associadas a medos e preocupações que tentamos reprimir ou que se destacam em nosso cotidiano. Ficamos "criando monstros" ao imaginar como uma conversa, reunião, prova, entrevista ou qualquer outro compromisso poderá ser difícil ou gerar problemas. Embora seja importante nos prevenir e tomar precauções, precisamos estar atentos para que esses pensamentos não transformem uma simples preparação em um problema real. Compreender que eles podem surgir a qualquer momento é essencial para estarmos prontos a enfrentá-los.

Outro tipo de pensamento intrusivo é aquele que afeta nossa identidade. Pessoas muito tímidas, por exemplo, tendem a dar um peso exagerado à opinião dos outros. Quando estão em público, frequentemente acreditam que todos estão prestando atenção nelas e julgando suas ações. Frases como "você sempre passa vergonha" ou "você nunca é levado a sério" invadem suas mentes, reforçando crenças prejudiciais e distorcendo a imagem de Cristo em suas vidas.

Essa percepção equivocada leva tais pessoas a se esforçarem ainda mais para superar o sentimento de inadequação, mesmo quando, na realidade, ninguém está realmente focado nelas.

Há também aqueles que sentem a necessidade constante de se autoafirmar. Por trás da atitude de exibir feitos, muitas vezes está uma baixa autoestima. Na prática, pessoas que carecem de uma identidade verdadeira fazem escolhas e adotam comportamentos que refletem seu descontentamento consigo mesmas, frequentemente sentindo-se inúteis. Essa falta de clareza sobre quem realmente são pode levá-las a uma visão distorcida de si mesmas, criando uma "realidade alternativa" em suas mentes.

Compreender o que são pensamentos intrusivos e como eles operam é o primeiro passo para não sermos dominados por eles. A partir dessa consciência, somos capazes de identificá-los, mesmo quando tentam se instalar de forma sutil em nossa mente, e combatê-los. Ainda que pareça difícil no início, é possível aprender a questionar esses pensamentos e ressignificá-los, cultivando uma mente saudável e livre de todo mal.

Cada pensamento que permitimos crescer em nossa mente fortalece conexões neuronais associadas a ele. Quanto mais alimentamos um pensamento — seja positivo ou negativo — mais intensa se torna a rede neuronal ligada a ele, o que, por sua vez, molda nossos comportamentos e ativa estados emocionais específicos. Por isso, identificar a frequência e a intensidade dos pensamentos negativos é essencial. Quando esses pensamentos deixam de ser uma exceção e passam a ser regra, podem criar um ciclo desgastante e perigoso, frequentemente levando a transtornos como depressão, ansiedade e síndrome do pânico.

Ao iniciar essa reflexão, percebemos que, mesmo sem ter controle absoluto sobre os pensamentos, podemos direcioná-los. Essa consciência nos conduz a uma vida mais plena e próxima do Pai, sabendo que nossas emoções refletem diretamente os pensamentos que escolhemos alimentar.

Como os pensamentos mentirosos agem

A mentira e o engano são como venenos que o Adversário utiliza para atacar a mente e minar os pensamentos. O exemplo de Eva no Jardim do Éden ilustra como a dúvida pode levar a respostas equivocadas, distorcendo a verdade divina. Ao permitir que a dúvida se enraizasse, Eva acabou cedendo ao questionamento da serpente, oferecendo uma resposta incorreta.

A serpente, por sua vez, aproveitou-se desse deslize para introduzir uma meia-verdade, desviando o pensamento de Eva da verdade absoluta do Criador. Essa estratégia de mesclar verdades e mentiras é uma tática recorrente do Maligno para confundir e aprisionar mentes.

Por isso, é essencial estar atento às meias-verdades, aos questionamentos e às dúvidas que possam surgir, a fim de resistir aos ataques do Inimigo e manter a mente alicerçada nas verdades bíblicas.

A criação de situações inexistentes na mente pode desencadear ansiedade e até síndrome do pânico. Por isso, discernir a verdade, rejeitar as mentiras do Inimigo e confiar nas promessas imutáveis de Deus é indispensável para encontrar paz e segurança. Sujeitar-se a suposições infundadas ou preocupações excessivas gera insegurança e incerteza. Muitas vezes, até mesmo um simples convite para uma conversa pode desencadear pensamentos negativos e autocríticos, resultando em desconforto e desgaste emocional.

Entendemos, assim, que o primeiro veneno da serpente é a mentira, e o segundo, a nocividade da crítica. A crítica, especialmente a interna, é um agressor constante. Trata-se de um conjunto de pensamentos formados a partir de palavras ou experiências, muitas vezes ditas por outras pessoas. Alguém pode ter proferido algo depreciativo e, a partir disso, a mente começa a alimentar críticas contra si mesma. Por exemplo, palavras ditas por pais em momentos de descontentamento, rotulando o filho como ovelha negra ou destinado à infelicidade, podem tornar-se agentes críticos internos que moldam crenças e identidades.

O que você pensa a respeito de si mesmo

Um dos pensamentos mais autolimitantes envolve o monólogo interno depreciativo. Frequentemente, ideias exageradas ou mentirosas sobre si mesmo são desencadeadas pela ansiedade. Além disso, expectativas — sejam pessoais ou impostas por outros — podem intensificar esse ciclo. Quando essas expectativas não são atendidas, muitos caem em autossabotagem, lamentando-se incessantemente por falhas ou resultados abaixo do esperado. Deus, ao olhar para sua criação, viu que tudo era bom e se regozijou em seu trabalho. No entanto, muitos têm dificuldade em reconhecer e valorizar o próprio esforço.

O perfeccionismo, um veneno insidioso, leva à autocondenação constante. Isso ocorre quando alguém se pune por experiências dolorosas, rejeições ou falhas, tornando-se o próprio algoz. É como o veneno da serpente: a pessoa entra em um ciclo de autopunição, perpetuando a ideia de que é sempre insuficiente.

Essa baixa autoestima resulta na falta de aceitação e amor-próprio. Quando não se valoriza, é fácil cair no "boicote pessoal", que envolve agir contra si mesmo de forma inconsciente. Esse padrão comportamental pode se tornar uma rotina difícil de quebrar, mas é possível vencê-lo. O primeiro passo é reconhecer o problema e trabalhar para superá-lo.

Confira algumas características de autossabotagem:

- Desistir ao enfrentar dificuldades
- Procrastinação crônica
- Permanecer em relacionamentos tóxicos
- Focar no lado negativo
- Necessidade excessiva de controle
- Medo de falhar ou perder
- Inferiorizar-se constantemente

Um exemplo prático é não gostar do tom da própria voz, evitar assistir a vídeos próprios ou rejeitar fotos pessoais. Esse autojulgamento severo pode gerar uma dor intensa e paralisante. Eu mesmo já enfrentei dificuldades ao assistir às gravações de minhas palestras, incomodado com minha postura ou tom de voz. Em vez de aprimorar minha identidade, caía em autossabotagem.

A autocrítica equilibrada é saudável e necessária, mas o excesso pode se tornar destrutivo. Esse desequilíbrio precisa ser combatido, pois é um veneno perigoso. Assim como é necessário identificar o tipo de cobra para aplicar o antídoto correto em caso de picada, precisamos discernir o veneno que está nos afetando para buscar a cura adequada.

Compreender a origem desses pensamentos autodestrutivos é essencial para enfrentá-los. Aceitar-se e permitir a transformação gradativa que Deus realiza é o primeiro passo para viver conforme seu propósito. No reconhecimento desse processo, encontramos conforto e força para avançar.

Mesmo sem ter controle absoluto sobre os pensamentos, podemos direcioná-los. Essa consciência nos conduz a uma vida mais plena e próxima do Pai.

CAPÍTULO 5

Quando você descobre sua identidade em Deus, nada pode detê-lo!

O veneno do sentimento de inferioridade

Esse tema é, sem dúvida, um dos mais desafiadores. O sentimento de inferioridade atua como uma sombra, pairando sobre nossa identidade e nos envenenando com sentimentos de inadequação, culpa e baixa autoestima. Ele nos limita em todas as áreas da vida — seja pessoal, social ou profissional. Talvez você, ao ler este livro agora, identifique-se com essa luta interna.

Os sinais desse sentimento são evidentes: culpa, baixa autoestima, tristeza, insegurança e a tendência ao isolamento social. Reconhecer esses sintomas é o primeiro passo para superar o sentimento de inferioridade e experimentar uma vida mais plena.

É essencial compreender que esse mal, muitas vezes, opera de maneira inconsciente. Muitas pessoas convivem com ele sem sequer perceber. É importante destacar que a baixa autoestima não faz distinção; ela afeta profundamente todos os aspectos da vida. Seja nos relacionamentos pessoais, profissionais ou familiares, quem enfrenta esse veneno frequentemente se sente inadequado, comparando-se negativamente aos outros.

Falta de amor-próprio

A falta de amor-próprio é uma das principais causas de pensamentos negativos. Quando não reconhecemos nosso valor, tendemos a nos comparar constantemente aos outros, o que intensifica sentimentos de inadequação e baixa autoestima. Esse ciclo de autocrítica pode se tornar um fardo pesado, influenciando a forma como enxergamos o mundo e a nós mesmos.

Ter clareza sobre nossa identidade é fundamental para o bem-estar mental. Em uma sociedade que valoriza excessivamente a aparência e o sucesso material, é fácil perder de vista o que realmente importa: nosso valor intrínseco como seres humanos. Compreender que somos mais do que nossas conquistas ou falhas é essencial para desenvolver uma autoestima saudável.

Precisamos aceitar quem somos, com todas as nossas imperfeições. Afinal, a verdadeira conexão com os outros só é possível quando somos honestos e autênticos. Autenticidade é uma característica de pessoas genuínas, que não escondem o que pensam, sentem ou desejam. São indivíduos acolhedores, sempre dispostos a ajudar, confiantes e fiéis aos seus princípios, sem medo de expor suas ideias e opiniões.

No entanto, falar é mais fácil do que praticar. Cada pessoa passa por experiências ao longo da vida que moldam seu comportamento, crenças e até suas inseguranças. Ainda assim, é possível desenvolver autenticidade. Esse é um processo gradual, que exige empenho diário e pequenas mudanças práticas. Vale a pena investir nisso, já que os benefícios incluem até mesmo uma melhora significativa na saúde mental.

Uma dica valiosa é ser leal a si mesmo. Lealdade a algo ou alguém significa assumir o compromisso de ser verdadeiro e honesto. O apóstolo Paulo, ao escrever à igreja em Filipos, ensinou a refletir sobre tudo o que é verdadeiro e honesto (cf. Filipenses 4.8). Quando a lealdade é dirigida a si próprio, ela se torna a dedicação de não abrir mão de quem se é, do que se pensa e deseja. É comum esconder sentimentos, pensamentos ou vontades por medo da reação alheia. Quando isso ocorre com frequência, o maior desafio é alcançar conforto e confiança na própria personalidade. Por isso, decidir ser mais leal a si mesmo pode ser um mecanismo eficaz para enfrentar inseguranças e buscar satisfação pessoal, sem abrir mão do que é importante.

Outra estratégia fundamental para expressar autenticidade é abandonar a necessidade de aprovação e validação dos outros. Afinal o que as pessoas pensam a nosso respeito não está sob nosso controle. Assim, o melhor é desapegar das opiniões alheias. Na prática, isso significa evitar questionar continuamente o que os outros acham sobre nossas ações, palavras ou escolhas.

Fatores que alimentam o sentimento de inferioridade

Três fatores principais contribuem frequentemente para o desenvolvimento do sentimento de inferioridade. Vamos analisá-los.

O primeiro é a rejeição. Quando uma criança não recebe suporte emocional adequado da família — como amor, carinho e compreensão —, ela pode crescer insegura e incapaz de desenvolver suas habilidades. A falta de confiança afeta diretamente sua capacidade de realizar tarefas e adquirir novas competências.

Muitas pessoas que enfrentam o sentimento de inferioridade não conseguem explorar plenamente seus talentos ou desenvolver novas habilidades, devido à carência de apoio emocional. Como resultado, tornam-se dependentes da aprovação e do reconhecimento dos outros, esforçando-se para agradar a todos ao seu redor. Contudo, ao fazer isso, perdem a própria identidade. É impossível mensurar a dor da rejeição, mas ser rejeitado no âmbito familiar é particularmente prejudicial. A Bíblia confirma isso. Por exemplo, quem vendeu José (cf. Gênesis 37)? Quem expulsou Jefté por causa de uma herança (cf. Juízes 11)? Quem teve inveja de Davi (cf. 1Samuel 17)? Quem não se alegrou com o retorno do filho pródigo (cf. Lucas 15.25-32)?

Diversos exemplos bíblicos mostram pessoas que foram rejeitadas por seus próprios familiares em algum momento. No entanto, todas venceram ao se apegarem à fé e confiarem nas promessas do Criador. Curiosamente, não é apenas a falta de afeto que alimenta o sentimento de inferioridade; o excesso de carinho também pode ser prejudicial. Uma criança mimada ou superprotegida pode crescer insegura, acostumando-se a depender de outros para realizar tarefas, o que enfraquece sua confiança em suas próprias capacidades.

Com o tempo, crianças superprotegidas podem perder a habilidade de realizar coisas por conta própria, sentindo-se inferiores em relação àquelas mais independentes. Assim, tanto a ausência quanto o excesso de afeto podem contribuir para o surgimento do sentimento de inferioridade.

O veneno do sentimento de inferioridade

Um exemplo poderoso é o de Joquebede. Ao esconder Moisés, ela não apenas o protegeu, mas também o lançou a um destino incerto. De maneira semelhante, tanto a criança que é "escondida" quanto a que é "projetada" podem desenvolver sentimentos de inferioridade. A criança escondida pode se sentir rejeitada, enquanto a projetada tende a se tornar precoce, excessivamente dependente e insegura, já que sempre fizeram tudo por ela. O equilíbrio entre proteção e liberdade é essencial para que uma criança cresça de forma saudável, evitando os extremos da dependência ou do isolamento.

Além da rejeição e da superproteção, há um terceiro fator que contribui para o sentimento de inferioridade: a inferioridade orgânica. Esse sentimento surge de questões físicas, como doenças, enfermidades ou insatisfação com a própria aparência. Por exemplo, muitas pessoas se sentem diminuídas por aspectos como o excesso de peso ou por não apreciarem alguma parte do próprio corpo. Esses sentimentos frequentemente resultam em uma autoimagem distorcida e numa sensação constante de inadequação.

Eu, particularmente, vivi essa experiência na infância. Sempre fui muito magro e sofria bullying na escola por causa disso. Além disso, não gostava do som da minha voz, o que aumentava meu desconforto e insegurança. Essas experiências negativas, especialmente durante a infância, podem gerar uma autocrítica excessiva e levar ao isolamento social, reforçando o ciclo do sentimento de inferioridade.

Cada uma dessas áreas — rejeição, excesso de proteção ou insatisfação com a própria imagem — exige uma abordagem específica para ser superada. Embora um único capítulo não possa abordar todos esses aspectos de forma completa, meu objetivo é ajudá-lo a iniciar um processo de autoexame. Reflita sobre como essas questões têm afetado sua vida e como você pode começar a superá-las. Se algum desses pontos ressoou com você, saiba que há solução. Entender que a rejeição pode fazer parte do processo é essencial para seguir firme no propósito.

A primeira coisa que recomendo é evitar comparações. Já mencionei isso em ministrações, aulas e palestras, e agora reforço: não é exagero espiritualizar esse tema. Ainda que Deus tenha permitido a rejeição em sua vida para amadurecê-lo, não se compare aos outros — seja em relação ao tempo de cada um, habilidades, conquistas ou aparência física. Isso afeta profundamente o espírito.

Lembre-se de Asafe (cf. Salmos 73), o salmista, que questionava por que os ímpios prosperavam enquanto os justos enfrentavam dificuldades. Comparações constantes nos afastam do propósito divino. A verdade é que a comparação é um inimigo mortal da identidade. Ela rouba nossa essência, nunca traz benefício e raramente nos faz sentir melhor. Cada pessoa é única, com uma jornada e um propósito distintos. Se você se pega constantemente se comparando, é hora de mudar sua mentalidade.

É natural nos compararmos — desde cedo, pais, familiares e outras pessoas ao nosso redor nos colocaram lado a lado com outros. No entanto, podemos reeducar nossa mente. O primeiro passo é trazer à memória o que nos dá esperança, começando por rejeitar a comparação.

Quando nos comparamos, perdemos a capacidade de nos alegrar pelas conquistas alheias e de valorizar o que Deus já nos deu. Quem vive se comparando está sempre insatisfeito, e a insatisfação abre brechas perigosas, como aconteceu com Eva no Jardim do Éden. A insatisfação leva a uma vida de migalhas, algo que o Criador não deseja para você. Por isso, vigie seu coração contra esse sentimento — ele é uma porta aberta para influências negativas.

A importância do autoconhecimento e da autoafirmação

Em segundo lugar, é fundamental compreender seu histórico de vida e a origem dos sentimentos de inferioridade. Pergunte a si mesmo: por que me sinto assim? Quando isso começou? Entender sua história é crucial para nutrir a autoestima. Reconhecer a necessidade de cura é o primeiro passo para se valorizar e fazer as pazes com o reflexo no espelho. Lembre-se: você é a menina dos olhos de Deus.

Em terceiro lugar, enfrente seus medos. Pergunte-se por que teme certos desafios e como essas experiências moldaram sua percepção de si mesmo. Embora não possamos mudar o passado, temos o poder de moldar o presente e, assim, alcançar o futuro desejado. Não evite a realidade; confronte-a. Olhe para si mesmo no espelho e desafie suas inseguranças. Muitos buscam validação externa, mas a verdadeira força vem da autoafirmação interior. Compreenda que sua autoimagem não depende apenas de como os outros o veem, mas de como você se percebe.

Já notou como algumas pessoas parecem forçadas ou artificiais? Essa impressão pode refletir uma autoimagem conflituosa. Uma autoimagem autêntica e genuína transmite confiança e segurança. Reconheça seu valor e lembre-se de que ele não depende da forma como os outros o tratam. Valorize-se pelo que está se tornando. Não permita que ninguém desrespeite ou menospreze você. Seu valor não está nas posses materiais, mas em quem você é e no que está construindo.

Invista em si mesmo. Cuide do relacionamento consigo, reserve tempo semanal para se cuidar, celebre suas habilidades e reconheça seus talentos com gratidão. Ame-se! E, acima de tudo, aceite os elogios que recebe — permita que eles fortaleçam sua autoestima e confiança.

Transformação: do sentimento de inferioridade à identidade em Deus

Gideão, em um momento de grande conflito, percebeu que seu povo estava sendo massacrado pelos inimigos. Tomado por um sentimento de pequenez e inferioridade, ele se escondeu.

Como mencionei anteriormente, pessoas com sentimento de inferioridade tendem a se omitir, a se esconder. Contudo, em Juízes 6.12, o Criador aparece a ele em uma teofania e declara: "Homem valente, o Senhor está contigo." Gideão, que acreditava que sua família era insignificante e que ele mesmo não era capaz, é chamado por Deus de homem valente.

Quantas vezes nos sentimos como Gideão, incapazes de realizar algo devido ao sentimento de inferioridade? Há quem evite falar em público ou recuse oportunidades simplesmente porque se considera inferior. Esse sentimento nos paralisa, impedindo-nos de acreditar em nossa capacidade. Outro exemplo bíblico que ilustra esse comportamento é o de Elias, narrado em 1Reis 19.9-10. Elias se refugiou em uma caverna e passou a noite lá. Quando Deus lhe perguntou o que estava fazendo, ele respondeu: "Tenho sido muito zeloso pelo SENHOR, Deus dos Exércitos, porque os filhos de Israel deixaram a tua aliança, derrubaram os teus altares e mataram os teus profetas à espada. Só fiquei eu, e eles estão querendo tirar-me a vida" (NAA). Elias estava fugindo de Jezabel, sentindo-se sozinho e ameaçado de morte. Ele manifestou autopiedade, acreditando ser o único profeta fiel e que todos estavam contra ele.

Quantas vezes o Pai nos pergunta onde estamos, e respondemos com autopiedade, alegando incapacidade? Muitos se sentem emocionalmente frustrados em seus relacionamentos porque alimentam suas dores, em vez de buscar cura. Presas à autopiedade, essas pessoas vivem em crises, chorando continuamente sobre seus problemas.

Quando alguém se sente solitário, tende a buscar conforto na autopiedade, tentando suprir a falta de apoio, assim como Elias, que acreditava estar sozinho e desamparado. Esse vazio nos faz desperdiçar tempo e nos leva a ficarmos isolados em nossa própria "caverna". Contudo, lembre-se do que diz 2Timóteo 1.7 (NVT): "Deus não nos deu um Espírito que produz temor e covardia, mas sim que nos dá poder, amor e autocontrole." Se você está enfrentando uma crise, como Elias ou Gideão, pergunte-se: deseja continuar como uma lagarta rastejante ou se transformar em uma borboleta que cumpre seu propósito? Para viver essa transformação, é preciso se preparar para o que está por vir. O primeiro passo é abrir o coração diante de Deus e buscar o direcionamento que ele tem para sua vida. Mesmo que tenha sido ferido pela rejeição ou decepcionado por outros, lembre-se: o Todo-Poderoso nunca o rejeitou.

Quando descobrimos nossa identidade em Deus, nada pode nos deter. Como alcançar essa identidade? Primeiro, pela leitura da Palavra, que revela quem somos: filhos, geração eleita, sacerdócio real, povo adquirido. Segundo, por meio do relacionamento com o Pai.

Você é valioso para Deus

O sentimento de inferioridade surge quando nos comparamos continuamente aos outros, julgando-nos sempre como menos capazes ou valiosos. Pensamentos de comparação são armadilhas mentais que nos desviam do verdadeiro propósito e valor. Eles nos fazem focar no que não temos ou no que não somos, em vez de celebrar nossas qualidades e realizações únicas. Comparar-se constantemente pode gerar sentimentos de inadequação, inveja e insatisfação.

Em vez de sermos gratos pelo que temos, caímos na armadilha de desejar mais ou de querer ser como os outros. Isso pode causar ansiedade, depressão e distorcer nossa autoimagem. A Bíblia nos instrui a evitar comparações e a focar em nosso próprio caminho. Gálatas 6.4-5 ensina que cada um deve examinar os próprios atos, e então poderá orgulhar-se de si mesmo, sem se comparar com ninguém, pois cada um deve levar o próprio fardo. E 2Coríntios 10.12 nos adverte que, quando as pessoas se medem com as próprias medidas e se comparam consigo mesmos, mostram a sua insensatez.

Rejeitar pensamentos de comparação é essencial para preservar nossa saúde mental e emocional. Ao abandonar a comparação, abrimos espaço para a autocompaixão e a aceitação de quem somos, permitindo-nos crescer e melhorar a partir de um lugar de amor-próprio, e não de autocrítica.

Compreender nosso valor em Deus é fundamental para combater a comparação. Quando entendemos que somos amados e valorizados pelo Eterno, conforme descrito em Salmos 139.14 e 1Pedro 2.9, libertamo-nos da necessidade de nos julgar segundo a medida dos outros. Rejeitar a comparação é uma prática diária que requer esforço consciente. Em última análise, ao compreender nosso valor em Deus, somos libertos para viver plenamente, sem as distrações da comparação. A Palavra está repleta de passagens que reafirmam nosso valor:

- Salmos 139.14: "Eu te louvo porque me fizeste de modo especial e admirável. Tuas obras são maravilhosas! Digo isso com convicção".
- Jeremias 29.11: "'Porque sou eu que conheço os planos que tenho para vocês', diz o Senhor, 'planos de fazê-los prosperar e não de causar dano, planos de dar a vocês esperança e um futuro'".
- 1Pedro 2.9: "Vocês, porém, são geração eleita, sacerdócio real, nação santa, povo exclusivo de Deus, para anunciar as grandezas daquele que os chamou das trevas para a sua maravilhosa luz".

Essas passagens nos lembram de que fomos criados com um propósito especial e de que somos profundamente amados por Deus. Entender essa verdade transforma nossa autoimagem e nos liberta do ciclo de autocrítica. O amor-próprio e a gestão de pensamentos são essenciais para uma mente saudável. Reconhecer nosso valor intrínseco, baseado nas verdades bíblicas, ajuda a vencer a batalha interna contra a baixa autoestima.

Ao focar no que é verdadeiro, nobre e louvável, podemos cultivar uma mentalidade que promove paz, confiança e alegria. Reserve um tempo para refletir diariamente sobre essas verdades e experimente essa transformação em sua vida.

A comparação é um inimigo mortal da identidade. Toda vez que você se compara, diminui o trabalhar de Deus na sua vida.

CAPÍTULO 6

A preocupação pode roubar
a nossa realidade!

O veneno das preocupações

Há um veneno para a mente que é especialmente traiçoeiro: o veneno da preocupação. É devastador e corrói a fé daqueles que se deixam dominar por ele. A preocupação leva a pessoa a viver no futuro, movida pelo medo — muitas vezes irracional e ilógico, alimentado por pensamentos obsessivos. Quando não é controlada, torna-se tão destrutiva quanto uma erva daninha, que cresce lentamente, sufocando a capacidade de viver no presente e preenchendo a vida com ansiedade e temor em relação ao que está por vir.

Lembremo-nos do exército de Saul, que fugiu diante de Golias. Esse episódio ilustra claramente o impacto da preocupação. Os soldados estavam tão focados no tamanho do gigante e nas armas que ele possuía que se deixaram consumir pelo medo. Quem se entrega às ansiedades perde o controle de seus pensamentos, e torna-se escravo delas.

A preocupação tem o poder de roubar a realidade de uma pessoa. Aqueles que se deixam levar por ela perdem o prazer do momento e a paz interior. Quem consegue ter um sono tranquilo quando está dominado por aflições? Além de nos privar da alegria presente, a preocupação também retira a serenidade da alma.

Já se viu andando pela casa, incapaz de dormir por causa de suas inquietações? Já tentou trabalhar com excelência enquanto sua mente estava sobrecarregada por ansiedades? A verdade é que a destreza se torna inalcançável para quem está aprisionado pela preocupação. Uma mente ansiosa não encontra paz, tranquilidade ou foco. É impossível fluir com excelência ou apreciar o presente quando estamos afundados em aflições.

Considere um exemplo prático. Imagine que você enfrenta um problema bancário que surge em uma sexta-feira, mas o banco só poderá resolvê-lo na segunda-feira. Como desfrutar o fim de semana nessa situação? Como aproveitar a companhia dos filhos ou relaxar durante as férias quando sua mente está sobrecarregada? Desligar uma mente ansiosa e gerenciar esses pensamentos perturbadores pode ser um grande desafio. Dizer a si mesmo que resolverá isso na segunda-feira e, ao mesmo tempo, desfrutar o presente requer uma habilidade que, muitas vezes, parece mais natural aos homens do que às mulheres, algo comprovado biologicamente.

Os homens tendem a ter mais facilidade para deixar os problemas do trabalho do lado de fora ao entrar em casa. No entanto, podem encontrar maior dificuldade em lidar com questões emocionais. Enquanto conseguem mascarar as preocupações, frequentemente relutam em buscar ajuda emocional ou mental. Esse fenômeno é evidente baseado no fato de que a maioria dos pacientes em tratamentos psicológicos e psicanalíticos são mulheres. Assim, há duas faces da mesma moeda: a capacidade masculina de lidar externamente com suas preocupações e, ao mesmo tempo, a hesitação em buscar suporte emocional.

O veneno da preocupação é especialmente perigoso quando há medo de que eventos traumáticos do passado possam se repetir. Por exemplo, quem já foi traído pode viver com o receio constante de enfrentar outra traição, perdendo a paz. Da mesma forma, alguém que perdeu um emprego pode ser assombrado pelo medo de ser demitido novamente. Quando esses temores não são enfrentados, a preocupação assume o controle da vida, paralisando decisões e impedindo o progresso. Muitos permanecem presos em determinadas áreas porque suas ansiedades os impedem de avançar.

É crucial aprender a controlar a mente, identificando os medos que alimentam as preocupações. Reconhecer essas inquietações é um passo essencial para superar os vilões que envenenam nossa alma.

O impacto da preocupação na mente

É natural nos preocuparmos com algumas coisas. O problema surge quando a preocupação se torna excessiva, a ponto de nos fazer adoecer, impedindo-nos de focar no que realmente importa. E quando ela afeta nosso sono, apetite, relacionamentos ou até causa palpitações no coração? Nesse ponto, a preocupação deixa de ser apenas um pensamento e se transforma em um fardo insuportável.

A preocupação excessiva está diretamente ligada ao estresse, que eleva os níveis de hormônios como cortisol, adrenalina e noradrenalina, podendo causar hipertensão e arritmias cardíacas. Além de afetar nosso estado emocional, ela também impacta o corpo, colocando-o em um estado constante de "luta ou fuga". Esse processo, a longo prazo, prejudica o coração, o sistema imunológico e até o funcionamento do cérebro.

Portanto, é importante refletir:

- A sua preocupação é algo que pode ser controlado?
- Existe algum aprendizado necessário nessa situação?
- Isso realmente causará mudanças objetivas em sua vida?

Se a resposta a tais questionamentos for "sim", isso é uma bênção, pois indica que sua preocupação tem uma finalidade funcional. Entretanto, se a resposta for "não", toda essa aflição que você sente serve apenas para alimentar pensamentos equivocados, distantes de qualquer solução. Até certo ponto, preocupar-se é algo positivo, pois incentiva a melhoria na execução de suas tarefas, ajudando a concluir seus planos com precisão.

Quando estamos preocupados com algo, isso demonstra que nos importamos e, por essa razão, desejamos realizar um bom trabalho ou estar disponíveis para ajudar alguém. Contudo, a preocupação excessiva é devastadora, pois nos paralisa; a mente entra em um ciclo incessante de busca por motivos para se inquietar, impedindo-nos de agir com eficácia nas atividades do dia a dia.

Quem se preocupa de forma desmedida não desfruta do presente, pois sua mente permanece tentando desvendar o futuro ou revivendo situações do passado. Como resultado, essa pessoa se torna ansiosa e incapaz de encontrar uma solução para suas inquietações, ficando presa a esse hábito prejudicial. O excesso de preocupação, quando recorrente, pode levar ao surgimento de transtornos psicológicos, como ansiedade ou até mesmo fobias.

Efeitos da preocupação excessiva

A preocupação gera medo ao nos fazer imaginar cenários negativos futuros. Esse medo pode se tornar debilitante, impedindo-nos de agir e viver plenamente. Quando ficamos presos a esses pensamentos, deixamos de experimentar a paz e a confiança que o Criador nos oferece. Além de roubar a tranquilidade, esse tipo de preocupação também afeta o corpo físico.

Aumento dos níveis de cortisol

O cortisol, conhecido como hormônio do estresse, é liberado em maiores quantidades quando estamos preocupados. Níveis elevados de cortisol podem levar ao ganho de peso, pressão alta e problemas cardíacos.

Sistema imunológico enfraquecido

O estresse contínuo e a preocupação podem comprometer o sistema imunológico, tornando o organismo mais suscetível a infecções e doenças.

Problemas digestivos

A preocupação excessiva pode causar dores abdominais, diarreia, constipação e outros desconfortos gastrointestinais. Condições como a síndrome do intestino irritável (SII) podem ser agravadas pelo estresse.

Distúrbios do sono

Pessoas que se preocupam frequentemente enfrentam dificuldades para dormir. A insônia pode levar à fadiga crônica, redução da capacidade de concentração e problemas de memória.

Dores e tensão muscular

A tensão causada pela preocupação pode desencadear dores de cabeça tensionais, enxaquecas e desconforto muscular. O corpo permanece em estado de alerta, causando desconforto físico contínuo.

Problemas respiratórios

A preocupação e a ansiedade podem provocar respiração rápida e superficial, dificultando a oxigenação adequada do corpo e intensificando a sensação de ansiedade.

Problemas cardiovasculares

O estresse crônico e a preocupação aumentam o risco de hipertensão, ataques cardíacos e outras condições relacionadas ao coração.

• • •

Além dos efeitos físicos, a preocupação excessiva está intimamente ligada a condições de saúde mental, como ansiedade e depressão. Essas condições criam um ciclo vicioso, no qual a preocupação gera mais preocupação, agravando os sintomas físicos e emocionais. Em casos mais graves, podem levar à Síndrome de Burnout.

No aspecto espiritual, a preocupação é um ladrão de fé. Quando nos concentramos em nossos problemas e no que pode dar errado, perdemos de vista a soberania e a bondade do Pai. Permitir que a preocupação governe a mente é negligenciar a fé e a confiança no Todo-Poderoso.

Jesus enfatizou a importância de confiar no Criador em vez de sucumbir à preocupação. Manter uma fé sólida é essencial para vencer esse desafio. A fé nos lembra de que Deus está no controle e tem planos bons para nossa vida, como nos ensina Jeremias 29.11. Ela nos capacita a enfrentar os desafios com confiança, certos de que não estamos sozinhos.

Proteja a sua identidade

Nossa identidade em Cristo é um tema central na fé cristã. Em Colossenses 3.3, encontramos uma afirmação poderosa: "... estais mortos, e a vossa vida está escondida com Cristo em Deus" (ACF). Essa passagem nos revela que nossa verdadeira vida e identidade estão vinculadas a Jesus. Isso significa que, como cristãos, somos mais do que nossos erros ou condições atuais. Contudo, frequentemente enfrentamos pensamentos negativos e limitantes que podem nos afastar dessa verdade, fazendo com que esqueçamos quem realmente somos em Cristo.

Você já participou de uma dinâmica ou precisou se apresentar para pessoas desconhecidas? Para mim, essa situação sempre foi desconfortável. Apresentar-se não é uma tarefa fácil, pois somos muito mais do que um nome, uma profissão ou uma conquista. Cada pessoa nasceu em uma família, carrega uma história e viveu experiências que a moldaram de maneira única. Somos o resultado de um processo que nos trouxe até aqui. Toda essa bagagem não pode ser resumida em poucos minutos. As experiências vividas ao longo da vida ajudaram a formar nosso caráter, a definir nossos gostos e aversões, nossos sonhos e a maneira como reagimos às situações.

No entanto, é fundamental esclarecer algo: essas circunstâncias não definem nossa identidade em Cristo. Quem define quem realmente somos é a Palavra de Deus. Isso é verdade porque a forma como nos posicionamos diante das situações é profundamente influenciada pela imagem que temos de nós mesmos. Por exemplo, alguém altamente qualificado para um cargo pode desistir de aceitá-lo por não se considerar bom o suficiente; um jovem pode evitar fazer novos amigos por não se achar uma companhia agradável.

Esse contexto nos mostra que nossas decisões refletem a imagem que acreditamos ter de nós mesmos. A autoimagem faz toda a diferença na hora de agir. Isso ocorre porque o que determina a vida que experimentamos aqui na terra é a mentalidade que cultivamos. Vou descrever como mentalidade e destino estão conectados: pensamentos geram ações; ações geram hábitos; hábitos formam o caráter; e o caráter define o destino.

"Hoje tomo os céus e a terra como testemunhas contra vocês, de que apresentei diante de vocês a vida e a morte, a bênção e a maldição. Agora escolham a vida, para que vocês e os seus descendentes vivam" (Deuteronômio 30.19). O pensamento correto nos leva a escolher a vida, não a maldição. Quando falamos sobre mentalidade, referimo-nos aos pensamentos que predominam em nossa mente.

A questão é: estão eles alinhados com a Palavra de Deus? Veja o que Romanos 8.6-7 declara: "A mentalidade da carne é morte, mas a mentalidade do Espírito é vida e paz; a mentalidade da carne é inimiga de Deus porque não se submete à lei de Deus, nem pode fazê-lo". A mentalidade que traz vida é fundamentada nos princípios bíblicos, marcada pela fé e pela submissão à Palavra de Deus como filtro para as decisões.

Por outro lado, a mentalidade da morte não tem a Palavra como base e é caracterizada por pensamentos malignos. Se o Inimigo veio para roubar, matar e destruir (cf. João 10.10), como suas sugestões poderiam gerar vida? O Adversário constantemente tenta corromper nossa identidade, fazendo-nos duvidar de quem somos. "Se és filho de Deus..." Como assim, "se és"? Ele sabia muito bem que Jesus era o Filho de Deus (cf. Mateus 4.3). Da mesma forma, ele tenta nos fazer duvidar diariamente, perturbando nossa mente para que questionemos nossa identidade.

Mas recebemos uma nova natureza, uma nova identidade. Somos seres espirituais, unidos a Cristo, e a Palavra declara que temos a mente de Cristo. Isso não é maravilhoso?

Jesus estava no deserto havia 40 dias, em um momento de fragilidade. Não é justamente nesses momentos que somos tentados a duvidar de quem somos? Quantas vezes as crises se tornaram tão avassaladoras que esquecemos quem somos? Na angústia, na dor, na escassez ou na enfermidade, é fácil perder de vista a nossa identidade e o propósito para o qual Deus nos chamou.

Assim como Jesus venceu, também somos mais que vencedores por meio de seu sacrifício. Não duvide das promessas do Criador para sua vida. Lembre-se de quem você é: filho amado... filha amada... É assim que o Pai o enxerga. Quando ouvir a pergunta "Se és filho de Deus?", responda em alto e bom som: "Sim, sou filho do Deus Altíssimo, sou filha amada do Grande Eu Sou, e minha vida pertence a ele."

Ore e creia, não importa a circunstância, pois sabemos em quem temos crido. Que tomemos posse de nossa verdadeira identidade em Cristo e jamais nos deixemos levar pelas mentiras do Inimigo que tentam nos paralisar. Que, a partir dessa verdade, possamos alcançar tudo o que o Senhor conquistou para nós na cruz. Pela fé, assuma sua nova identidade em Cristo. As coisas velhas passaram, e eis que tudo se fez novo. Creia nisso, em nome de Jesus!

É impossível fluir com excelência ou apreciar o presente quando estamos afundados em preocupações.

CAPÍTULO 7

Tentação não é pecado!

O veneno dos pensamentos pecaminosos

Lidar com pensamentos pecaminosos é um desafio que inquieta todo cristão em algum momento da caminhada. Para aqueles que frequentemente enfrentam esses sentimentos indesejados, o fardo pode ser ainda mais pesado.

Alguns se encontram lutando contra a inveja, o rancor ou a desconfiança. Outros podem ser assolados por fantasias sexuais. Há quem enfrente pensamentos de ódio, blasfêmia ou até mesmo impulsos criminosos. Não importa o tipo de pensamento; uma coisa é certa: todos nós seremos, em algum momento, atacados por eles. Isso, porém, não é uma questão restrita aos cristãos, mas a qualquer ser humano. Muitas vezes, percebemos que nosso maior inimigo somos nós mesmos, especialmente quando lidamos com pensamentos negativos.

Enquanto eu escrevia este livro, Deus me conduziu a tratar deste tema: o veneno dos pensamentos pecaminosos.

A palavra "pecado" vem do grego *hamartia*, que significa "errar o alvo". A definição de pecado é qualquer comportamento que não segue a vontade de Deus, ou seja, que se desvia do padrão estabelecido pelo Criador. Pensamentos pecaminosos são perigosos porque podem nos conduzir à prática do pecado. Neste capítulo, exploraremos como esses pensamentos ganham espaço em nossa mente e as consequências disso. Contudo, não pararemos aí; também discutiremos o antídoto, apresentando estratégias práticas para vencer essa batalha travada no campo da mente.

A Palavra de Deus será nossa guia e, com ela, aprenderemos a permanecer firmes, resistindo aos ataques mentais que buscam nos desviar do caminho da retidão. Que este conteúdo contribua para o seu crescimento espiritual e fortaleça sua mente, capacitando-o a se manter inabalável. Que a graça do Senhor o acompanhe em cada passo desta jornada.

Distinção entre tentação e pecado

Existe uma distinção marcante entre ser tentado — quando um pensamento entra em nossa mente — e ceder ao pecado. É crucial entender que, ao surgir um pensamento pecaminoso, devemos examiná-lo à luz da Palavra de Deus. A decisão de permitir que esse pensamento persista, rejeitá-lo ou substituí-lo está em nossas mãos. Nesse processo, a autodisciplina e o autocontrole são essenciais.

Precisamos da presença constante do Espírito Santo para vencer as tentações. Já discutimos que muitas pessoas enfrentam um problema comumente chamado de pensamentos indesejados ou intrusivos. Esses pensamentos frequentemente incluem palavras, frases e imagens de teor negativo, violento, sexual ou blasfemo. Para os filhos de Deus, isso é mais comum do que se imagina. Tais pensamentos podem ser percebidos como pecado, falta de fé ou afastamento do Criador. Mas será que esses pensamentos, por si só, são realmente pecaminosos? Será que alguém que luta contra eles está em "fel de amargura e laço de iniquidade"?

Considere o que está escrito em Mateus 15.18-19 (ARC): "Mas, o que sai da boca, procede do coração, e isso contamina o homem. Porque do coração procedem os maus pensamentos, mortes, adultérios, fornicação, furtos, falsos testemunhos e blasfêmias".

Eu frequentemente meditava nesse texto e em outros relacionados, mas não encontrava paz ao perceber pensamentos impuros surgindo em minha mente. Pensava: esses pensamentos vêm do meu coração! No entanto, ao estudar mais profundamente, houve um momento em que Jesus abriu meus olhos para o contexto desses versículos. No início do capítulo 15, Jesus está sendo questionado sobre uma tradição humana dos anciãos de Israel relacionada ao lavar as mãos. Ele confronta os escribas e fariseus, dizendo que, por causa de suas tradições, eles invalidavam os mandamentos de Deus. Então, declara: "Hipócritas, bem profetizou Isaías a vosso respeito, dizendo: Este povo se aproxima de mim com a sua boca e me honra com os seus lábios, mas o seu coração está longe de mim" (Mateus 15.7-8, ACF).

O contexto do capítulo é claro: um coração afastado de Deus é fonte de toda espécie de mal, e isso é o que contamina o homem. Mas e aqueles que creem em Cristo, que buscam viver segundo sua Palavra, mas enfrentam pensamentos horríveis? Voltemos ao contexto de Mateus 15.

Os fariseus e escribas tinham prazer em suas tradições, praticavam-nas e ensinavam aos outros. Essas atitudes revelavam aceitação e confirmação, ou seja, eles aprovavam e legitimavam tais ensinos, mesmo quando contrários à vontade divina.

A diferença fundamental entre pensamentos pecaminosos e pensamentos intrusivos está na aceitação e confirmação. Quando um pensamento terrível invade nossa mente, as perguntas que devemos nos fazer são: Eu aceito esse pensamento como verdadeiro? Desejo esse pensamento? Ele me traz prazer?

Se a resposta for negativa, isso indica que você não foi o autor do pensamento. Se o rejeita e deseja nunca tê-lo, está enfrentando um pensamento intrusivo, algo semelhante a uma fisgada dolorosa. Mas de onde vêm esses pensamentos?

Duas possibilidades: do Inimigo ou de um desequilíbrio cerebral. Jesus ensina: "Ouvistes que foi dito aos antigos: Não cometerás adultério. Eu, porém, vos digo que qualquer que atentar numa mulher para a cobiçar, já em seu coração cometeu adultério com ela" (Mateus 5.27-28, ACF).

Se, porém, você afugenta o pensamento, não pecou, mas foi tentado. Tentação é uma realidade para todos neste mundo. Uma ideia errada, um desejo inadequado ou um sentimento contrário à vontade de Deus, enquanto não se transforma em ação ou consentimento interior, não constitui pecado. Uma estratégia do Maligno é disfarçar a tentação como pecado e acusar a alma tentada: "Você pecou!". Lembre-se de que ele é mentiroso e pai da mentira, além de se transfigurar em anjo de luz (cf. 2Coríntios 11.14).

Jesus, em sua sabedoria, ensina que "os maus pensamentos procedem do coração", mas também proclama: "Bem-aventurados os puros de coração". Essas palavras revelam que o pecado nasce no coração antes de se manifestar em ações. Quando o Adversário conquista espaço em nosso coração, ele planta raízes de maldade que, se não forem eliminadas, podem florescer em palavras e ações destrutivas.

O pecado se concretiza na mente, o campo de batalha

Para que o Diabo conquiste o coração, ele precisa alcançar a mente. Ele utiliza setas malignas para perturbar e enfraquecer a fé, tornando o indivíduo cada vez mais vulnerável. Ser afligido por um pensamento maligno não é pecado. O pecado ocorre quando nos deleitamos nesse pensamento, nutrindo-o e permitindo que ele ganhe força em nossa mente. Embora não possamos controlar as tentações que surgem, temos a escolha de ceder ou resistir a elas. E é exatamente nesse momento que precisamos da ajuda do Espírito Santo.

O Maligno é astuto e trabalha incansavelmente para atacar nossa mente nas áreas mais frágeis. Ele investe intensamente em nossas fraquezas, e não podemos subestimá-lo. Por isso, é fundamental reconhecer o quanto somos vulneráveis. Se perdermos a batalha na mente, acabaremos derrotados em outras áreas da vida. Um exemplo evidente é o pecado do adultério. A queda não acontece no momento do ato físico; ela começa muito antes, sendo cultivada na mente e no coração. Por isso, é crucial compreender que a mente é o campo de batalha onde o pecado se forma, é planejado e, eventualmente, se concretiza.

Quando permitimos que um hábito pecaminoso se forme em nossa mente, reverter esse processo é tão desafiador quanto retirar um carro de um atoleiro profundo e trazê-lo de volta à estrada. Trata-se de um processo complexo, mas que começa com a decisão de controlar a direção de nossos pensamentos desde o princípio.

Tiago 1.14,15 nos revela que somos tentados quando atraídos e enganados por nossos próprios desejos. Isso evidencia que a tentação é uma atração que, se não for resistida, pode nos enredar de forma perigosa. Esses desejos, conhecidos como concupiscência, frequentemente se referem à cobiça por bens materiais ou prazeres sexuais, áreas onde o Maligno nos ataca com frequência.

A concupiscência representa um desejo ardente que, quando combinado com a tentação externa, pode nos conduzir ao pecado. Resistir à tentação é essencial, como nos orienta a Palavra: “Resistam ao diabo, e ele fugirá de vocês” (Tiago 4.7, NVT). O pecado acontece quando nossos desejos internos concordam com a tentação, permitindo que ela se manifeste em ações concretas.

Esse desejo desordenado que surge em nós não é apenas uma questão mental, mas uma verdadeira batalha espiritual, uma luta de proporções cósmicas entre o pecado e o Espírito. Paulo descreve o pecado como "outra lei atuante nos membros da nossa carne", destacando que estamos envolvidos em um conflito constante.

Embora a tentação seja inevitável, o pecado começa no momento em que entramos em negociação com ela. Quando somos tentados e permitimos que nossa carne dialogue com as propostas do Adversário, a concupiscência é gerada. Esse processo, se não for interrompido, pode culminar no pecado consumado. É importante entender que o pecado já está presente quando começamos a considerar as sugestões do Inimigo. Quanto mais permitimos que esse diálogo se prolongue, mais profundamente nos afundamos na concupiscência e mais difícil se torna resistir.

Concupiscência: a negociação da carne

A concepção do pecado ocorre quando a concupiscência — o acordo entre a carne e a tentação — se torna concreta. Isso pode acontecer por meio de pensamentos recorrentes, escolhas equivocadas ou ações práticas. O pecado consumado é a manifestação externa do que já estava sendo gestado na mente.

Um exemplo claro disso é quando surge a tentação de guardar mágoa de alguém que nos feriu. Se, pela graça de Deus, encontramos forças para perdoar, o pecado não prevalece. Contudo, se alimentamos o rancor e permitimos que ele cresça em nosso coração, isso se transforma em pecado.

Esse processo evidencia a importância de resistir à tentação desde o princípio. O pecado não nasce quando o ato é cometido, mas no momento em que a negociação começa em nosso interior. E aqui está o ponto crucial: é indispensável manter uma vigilância constante sobre nossos pensamentos, impedindo que a concupiscência se desenvolva até se tornar pecado consumado.

A concepção do pecado: da tentação à ação

A concupiscência se transforma em pecado consumado quando nossos sentimentos se alinham com a carne. Quando a tentação inicial evolui para um pensamento constante que concorda com os desejos carnais, o pecado se forma e se concretiza, frequentemente resultando em palavras e ações que desagradam ao Criador. É por isso que a Palavra de Deus nos exorta à ação: resistir ao Diabo é essencial.

A vitória nessa batalha mental é crucial, pois afeta todas as áreas da nossa vida. A derrota nesse campo leva ao fracasso em outras esferas, tornando essa luta espiritual uma prioridade.

Em momentos de fraqueza, o poder de Deus se manifesta. É justamente na nossa vulnerabilidade que a graça do Pai se aperfeiçoa, capacitando-nos a resistir e vencer a tentação, conforme mencionado em 2Coríntios 12.9.

Uma arma importante para vencer pensamentos maléficos e blindar o coração é a vigilância com o que está diante dos nossos olhos. Jesus destacou: "Os olhos são a candeia do corpo. Se os seus olhos forem bons, todo o seu corpo será cheio de luz. Mas, se os seus olhos forem maus, todo o seu corpo será cheio de trevas. Portanto, se a luz que está dentro de você são trevas, que tremendas trevas são!" (Mateus 6.22-23, ACF).

Muitos acreditam que o ditado popular "os olhos são a janela da alma" foi inspirado nesse texto bíblico. Para entender essa afirmação de Jesus, é necessário analisar o contexto. No capítulo 6 de Mateus, ele inicia alertando contra aqueles que fazem o bem apenas para impressionar. Em seguida, ensina sobre oração sincera, perdão e jejum, antes de dar um aviso: "Não acumulem para vocês tesouros na terra, mas no céu, pois onde estiver o seu tesouro, aí também estará o seu coração". É nesse momento que Jesus afirma: "Os olhos são a candeia do corpo".

No decorrer do capítulo, fica claro que quem tem "bons olhos" busca em primeiro lugar o Reino de Deus, enquanto quem tem "olhos maus" prioriza as coisas deste mundo e acumula tesouros terrenos. Quantas vezes os olhos nos desviam da prioridade do Reino, distraindo-nos com o que nos afasta de Deus? Cenas de sexo, nudez ou sensualidade em filmes, séries ou vídeos enviados em grupos de mensagens frequentemente servem de gatilhos que aprisionam a mente e despertam o desejo de consumir mais desse conteúdo.

Vivemos em uma sociedade saturada de imagens sexualizadas, dificultando a luta contra esse mal. Por isso, não devemos colocar coisas impuras diante dos olhos. O salmista orou: "Desvia meus olhos de coisas inúteis e restaura-me por meio de tua palavra" (Salmos 119.37, NVT). Os cristãos verdadeiros não estão imunes aos desejos da carne e dos olhos. Por isso, a Palavra nos incentiva a exercer autodisciplina sobre o que vemos e desejamos (cf. 1Coríntios 9.25,27; 1João 2.15-17). Jó compreendia bem a ligação entre ver e desejar, afirmando: "Fiz aliança com os meus olhos; como, pois, os fixaria eu numa donzela?" (Jó 31.1).

Além de evitar tocar uma mulher de modo impróprio, Jó não permitia que sua mente alimentasse ideias imorais. Jesus também enfatizou a necessidade de manter a mente limpa, dizendo: "[...] qualquer que atentar numa mulher para a cobiçar, já em seu coração cometeu adultério com ela" (Mateus 5.28, ACF).

Mesmo Jesus foi confrontado com tentações visuais. Na terceira tentativa de desviá-lo da vontade do Eterno, "Depois, o Diabo o levou a um monte muito alto e mostrou-lhe todos os reinos do mundo e a glória deles" (Mateus 4.8). Satanás explorou a poderosa influência dos olhos, tentando induzir Jesus a desejar destaque terreno. No entanto, ele reagiu imediatamente: "Retire-se, Satanás!" (Mateus 4.10, ACF).

Dessa atitude de Jesus, aprendemos importantes lições. Primeiro, ninguém está imune às táticas do Adversário (cf. Mateus 24.24).

Segundo, o que focamos com os olhos pode reforçar os desejos do coração, seja para o bem ou para o mal. Por isso, é fundamental eliminar tudo o que nos afasta de Deus: apague arquivos, exclua contatos, descarte o que não serve. Terceiro, o Maligno sempre explorará o "desejo dos olhos" para nos desviar do correto (cf. 1João 2.16).

Conheça suas fraquezas, ore e busque agradar a Deus. E, quarto, podemos nos opor ao Inimigo agindo sem demora (cf. Tiago 4.7). Não negocie, não faça concessões e não abra brechas. Lembre-se da mulher de Ló: um único olhar pode tirar você do propósito de Deus.

Ao decidirmos seguir a vontade do Pai, declaramos com o salmista: "Afasto os pés de todo caminho mau para obedecer à tua palavra" (Salmos 119.101). Todos os dias somos expostos a inúmeros atrativos para os olhos.

Lembre-se: os olhos alimentam a mente, e a mente alimenta o coração. Por isso, medite no que é valioso (cf. Filipenses 4.8). Que possamos continuar orando como o salmista: "Desvia meus olhos de coisas inúteis" (Salmos 119.37, NVT). Assim, confiemos que Cristo "nos preservará vivos no seu próprio caminho" (Hebreus 10.36).

Colossenses nos ensina que, ao considerarmos nossa vida como morta para o pecado e escondida em Cristo, ganhamos a força para resistir à tentação. Quando Cristo, que é a nossa vida, se manifesta, nós também seremos manifestos com ele em glória. Isso significa que, à medida que nos rendemos ao senhorio de Cristo, tornamo-nos mais fortes para resistir ao pecado que nos tenta. E aqui está uma verdade que você deve gravar profundamente em seu coração: quanto mais Deus o eleva, maiores serão os desafios e as tentações que você enfrentará. A batalha espiritual se intensifica à medida que você caminha para lugares mais altos com o Senhor.

A armadilha da negociação

Agora, quero dar uma advertência séria: quem negocia com Satanás uma vez corre o risco de passar a vida inteira em negociação. Cada vez que cedemos um pouco, abrimos uma brecha para que o Maligno tente tomar mais. Por isso, é vital estar constantemente vigilante, lutando com todas as forças para proteger o coração.

Martinho Lutero, em sua sabedoria, comparou os pensamentos malignos a pássaros voando sobre nossa cabeça. Não podemos evitar que eles passem por nós, mas é nossa responsabilidade impedir que construam ninhos em nossa mente.

Essa metáfora nos ajuda a compreender que nunca estaremos completamente livres da tentação. Ela faz parte da nossa jornada, mas podemos escolher como reagir.

Nem mesmo Jesus foi isento de tentação. Ele, que viveu de forma perfeita, também enfrentou as investidas do Adversário, mas nunca pecou. O livro de Hebreus nos lembra dessa verdade poderosa: "Visto, pois, que os filhos têm participação comum de carne e sangue, destes também ele, igualmente, participou, para que, por sua morte, destruísse aquele que tem o poder da morte, a saber, o diabo, e livrasse todos que, pelo pavor da morte, estavam sujeitos à escravidão por toda a vida [...] Pois, naquilo que ele mesmo sofreu, tendo sido tentado, é poderoso para socorrer os que são tentados." (Hebreus 2.14-15,18, ARA).

Hebreus enfatiza que Jesus se tornou como nós, enfrentando as mesmas lutas e tentações, para que pudesse nos socorrer em nossas fraquezas. Esse texto nos lembra que não estamos sozinhos em nossa batalha contra o pecado e os maus pensamentos. Nosso Sumo Sacerdote, Jesus, entende nossas fragilidades e intercede por nós.

Jesus: o exemplo de resistência

O capítulo 4 de Hebreus reforça uma mensagem poderosa: "Porque não temos um sumo sacerdote que não possa compadecer-se das nossas fraquezas; porém, um que, como nós, em tudo foi tentado, mas sem pecado" (Hebreus 4.15, ARC).

Jesus é o nosso modelo perfeito. Mesmo em suas maiores batalhas, como no Getsêmani, onde enfrentou forças das trevas inimagináveis, ele nunca vacilou. Seu amor e obediência ao Pai permaneceram inabaláveis, mesmo sob uma pressão insuportável.

Para nós, a realidade é que a luta contra os maus pensamentos e as trevas em nosso coração será constante enquanto estivermos vivos. No entanto, mesmo diante dessa verdade, não há motivo para desespero. O Criador nos deu uma promessa que nos enche de esperança: "Não veio sobre vós tentação, senão humana; mas fiel é Deus, que não vos deixará tentar acima do que podeis; antes, com a tentação dará também o escape, para que a possais suportar" (1Coríntios 10.13, ARC).

Essa promessa garante que nunca estaremos sozinhos e que, com a ajuda divina, podemos resistir e vencer a tentação. Se você chegou até aqui com o desejo de superar os maus pensamentos que o afligem, lembre-se de algo fundamental: é impossível vencer nossa natureza caída apenas com a força da vontade.

Nossa inclinação, por causa do pecado, é sempre para o mal. Paulo descreve essa luta interior com precisão: "Não entendo o que faço, pois não faço o que desejo, mas o que odeio. Agora, se faço o que não desejo, admito que a lei é boa. Nesse caso, não sou mais eu quem o faz, mas o pecado que habita em mim" (Romanos 7.15-17).

Este é o dilema humano: mesmo sabendo o que é certo, frequentemente falhamos em fazer o bem.

A vontade e a consciência: um chamado à pureza

É essencial reconhecer a diferença entre a vontade e o anseio mais profundo de nosso coração, que é guiado pela consciência. Enquanto a vontade tenta controlar e inibir os impulsos da imaginação e do desejo, é a consciência que aponta para a verdadeira pureza de coração. Ela é a voz interior que clama por Jesus e deve ser ouvida para que o mal em nós comece a recuar.

Quando nossa consciência está alinhada com Cristo, encontramos a força para lutar contra o pecado. Por isso, é indispensável cultivar uma vida de oração constante. Que suas orações sejam como estas: "Jesus, eu sei que a tua pureza é maior que minha impureza; que a tua generosidade superará minha inveja; teu amor triunfará sobre meu ódio".

Alguns pensamentos malignos podem ser descartados com mais facilidade pela oração, mas outros são muito mais difíceis de eliminar. Quando nos deparamos com pensamentos pecaminosos persistentes, a tendência natural é suprimi-los, empurrando-os para o subconsciente, na esperança de que desapareçam. No entanto, essa supressão é como tentar afundar uma garrafa tampada no fundo de uma piscina — ela sempre retorna à superfície.

A única alternativa, nesse caso, é enfrentar esses pensamentos diretamente. Não os ignore ou suprima; ao invés disso, exponha-os à luz da verdade e da oração. Quando oramos e trazemos esses pensamentos à presença do Pai, permitimos que ele nos ajude a descartá-los completamente.

Nesta luta constante contra os maus pensamentos, podemos confiar em Deus. Ele conhece nossos sentimentos mais profundos e nos ajuda em nossas fraquezas. Não estamos sozinhos nessa batalha, pois o Espírito Santo intercede por nós, trazendo paz e conforto ao nosso coração.

"[...] O Espírito nos ajuda em nossa fraqueza... intercede por nós com gemidos inexprimíveis. E aquele que sonda o nosso coração conhece a mente do Espírito, porque o Espírito intercede pelos santos de acordo com a vontade de Deus." (Romanos 8.26-27) — estas palavras são um lembrete poderoso de que o Pai está conosco em cada pensamento e batalha interna, oferecendo-nos força e direção para vencer.

Ser afligido por um pensamento maligno não é pecado. O pecado ocorre quando nos deleitamos nesse pensamento, nutrindo-o e permitindo que ele ganhe força em nossa mente.

CAPÍTULO 8

Examine-se, pois, o homem a si mesmo. Autoconhecimento é sobre se libertar — e isso dói, tira você da zona de conforto e o faz assumir responsabilidades. Só cai em si quem faz um exame de si mesmo.

Governando nossa mente

Este capítulo é construído sobre três pilares essenciais, alinhados com as diferentes áreas da inteligência humana. Podemos associá-los a disciplinas fundamentais: a arte de duvidar, relacionada à filosofia; a arte de criticar, conectada à psicologia; e a arte de determinar, vinculada aos princípios de gestão e liderança.

Vamos explorar algumas chaves que ajudarão no controle eficaz da mente.

A arte de duvidar

Primeiro, aprenda a duvidar de todas as crenças falsas que limitam. Questione a ideia de que não é capaz de superar conflitos, desafios ou dificuldades. A dúvida, nesse sentido, não recai sobre suas capacidades, mas sobre os pensamentos que tentam convencê-lo do contrário.

É fundamental duvidar das vozes internas que afirmam que você não pode, que insistem em dizer que não possui o necessário para vencer. Essas barreiras mentais querem paralisá-lo, mas questione-as! A verdadeira batalha está na mente, e são possíveis todas as coisas naquele que o fortalece (cf. Filipenses 4.13).

Já me deparei com desafios de pregar em igrejas com líderes mais experientes e preparados que eu. Esses pensamentos surgem, mas os confronto, porque sei que Deus me fortalece em cada passo. Quando estou diante de pessoas com mais conhecimento ou habilidades, uso essa técnica. O desafio vai além da oratória ou da arte de falar em público; é uma realidade diária para quem ministra, especialmente diante de um público exigente. O temor é natural, e a dúvida sobre a própria capacidade surge com intensidade.

Lembro-me de momentos em que, diante de grandes desafios, tornava-me ainda mais crítico de mim mesmo. Tudo o que havia preparado parecia insuficiente diante da magnitude do desafio. É crucial duvidar desse pensamento de incapacidade para confrontar os medos e encarar as situações de frente. Em vez de atacar a circunstância, ataque a ideia que impede o avanço.

O princípio filosófico que ensina a arte de duvidar é fundamental para enfrentar desafios. Questione suas crenças, pergunte-se por que reage de determinada maneira e indague sobre as origens do medo, do suor e da ansiedade. Pergunte se o obstáculo é real ou apenas uma criação da mente.

O salmista também confrontava suas inquietações, declarando: "Por que estás abatida, ó minha alma? Por que te perturbas dentro de mim? Espera em Deus, pois ainda o louvarei [...]"

(Salmos 42.5, ARA). Ele combatia o que surgia em seus pensamentos. Esta é a primeira técnica: duvidar das falsas crenças.

Pensamentos distorcidos sobre si mesmo, os outros ou o mundo são frutos da nossa jornada. Falsas crenças nascem de experiências passadas, influências externas ou interpretações equivocadas de eventos. Elas nos impedem de alcançar objetivos e viver plenamente.

Um exemplo é a ideia de que não somos bons o suficiente, muitas vezes alimentada por críticas, mesmo construtivas. Quando ouvimos que precisamos melhorar, podemos começar a pensar que não somos capazes. Essa percepção pode levar ao isolamento e à evasão de novas oportunidades.

Para combater essa crença, é necessário reconhecer o pensamento distorcido. Pergunte a si mesmo se a crítica reflete a realidade ou é apenas uma opinião pessoal. Encare-a como uma oportunidade de melhorar, não como um sinal de fracasso.

Outra crença comum surge da comparação com os outros. Redes sociais mostram vidas aparentemente perfeitas, criando a ilusão de que somos inferiores. Para combater isso, foque em suas conquistas, por menores que sejam. Liste sucessos e valorize seu progresso.

A arte de criticar

A segunda técnica é criticar. Aprender a pegar esses pensamentos pessimistas e angustiantes no pulo, antes que eles baguncem nosso dia, é algo que faz toda diferença no nosso bem-estar. Não é fácil, mas, com um pouco de prática, dá para identificar quando eles aparecem. Eu, por exemplo, percebo que fico com o peito meio apertado ou um desânimo que vem do nada — é como um sinal do corpo avisando que a mente está tramando alguma coisa. Aí, tento parar um segundo e dar um nome para o que está passando pela cabeça: "Certo, isso é só medo de errar" ou "essa é aquela conversa autocrítica de novo". Parece bobo, mas botar um rótulo assim já me ajuda a não mergulhar de cabeça na ideia.

Encarar o pensamento de frente, duvidar e questioná-lo é uma chave poderosa para arrancá-lo pela raiz. Duvide: "Será que é verdade mesmo? Tem alguma prova concreta disso?" E, mais importante, ficar repetindo isso na cabeça me ajuda em alguma coisa ou só me afunda mais? Às vezes, penso: "Se meu melhor amigo me contasse isso, eu concordaria ou lhe diria para parar de se cobrar tanto?". Se eu me pego pensando "eu nunca consigo nada", tento lembrar de momentos em que deu certo — nem que seja uma coisinha simples, como terminar um livro ou fazer um jantar gostoso. Isso me ajuda a ver que nem tudo é preto no branco como a mente quer fazer parecer. Acho que a gente tem essa mania de exagerar as coisas ruins ou de achar que um tropeço define tudo, mas, no fundo, dá para treinar um olhar mais leve para a realidade.

Agora, o que eu acho mais incrível — e também mais difícil — é parar para entender de onde esses pensamentos vêm. Não é só lidar com eles na hora, mas cavar um pouco mais fundo: por que eu fico pensando assim? Será que é algo que ouvi muito quando era criança, como um "você poderia ter feito melhor"? Ou será que é o estresse do trabalho me fazendo duvidar de tudo?

Às vezes, pego um caderno e anoto o que passou pela cabeça, o que eu estava fazendo na hora, como eu me senti. Com o tempo, começo a ver padrões, como, por exemplo, eu ficar mais negativo quando estou cansado ou quando alguém me cobra demais. Isso é como uma lanterna que ilumina o que está escondido lá dentro, sabe?

Entender esses porquês me ajuda a não deixar a mente virar um campo minado que me tira do que eu quero de verdade. Muitas vezes fiz isso em momentos nos quais eu estava sob pressão e consegui vencer. Porque, no fim das contas, esses pensamentos não são só chatos, eles podem nos fazer desistir do que importa. Se eu fico achando que não mereço ou que nada vai dar certo, talvez nem tente. Então, essa coisa de me olhar com atenção, de me perguntar o que está rolando, é quase como um jeito de me cuidar. É um caminho para fazer as pazes com a minha mente e lembrar que ela não precisa ser minha inimiga. Dá trabalho, mas vale a pena para não deixar esses pensamentos me desviarem do meu propósito.

A arte de determinar

A terceira técnica é a determinação. Para mim, a arte de determinar é uma maneira poderosa que me faz ser líder da minha mente. Governar sobre ela é escolher o que eu deixo entrar e o que mando embora, sem dar espaço para qualquer pensamento bagunceiro tomar conta. É como criar um jeitinho de dizer "não" para aquelas ideias que chegam cheias de ansiedade, querendo roubar minha paz. Não é algo que eu aprendi de uma hora para a outra, mas, aos poucos, fui pegando o jeito de barrar esses visitantes indesejados.

Tudo começa quando eu percebo o pensamento chegando. Às vezes, ele vem discreto, sussurrando um "e se der tudo errado?" ou me enchendo a cabeça com um monte de "será que" sobre situações que sequer aconteceram ainda. Outras vezes, é de um modo mais incisivo — sinto logo um aperto no peito, o coração acelerado, e já sei que algo terrível se avizinha. Nessas horas, tento dar um passo atrás. Respiro fundo, nem que seja rapidinho, só para não deixar a onda me engolir. É como se eu dissesse a mim mesmo: "Pera aí, não precisa correr atrás disso agora", "Para que ocupar minha cabeça com algo que não está sob minha autoridade?".

Dizer "não" para ele é o próximo passo, e eu até gosto dessa parte — é quase uma rebeldia boa. Penso assim: "Esse troço que está na minha cabeça vai me ajudar em quê? Vai resolver alguma coisa ou só me deixar mais enrolado?". Se não servir para nada, já trato de despachar. Às vezes, falo em voz alta: "Não, hoje eu não vou ficar imaginando tragédia", porque ouvir minha voz dá um gás para não ceder. Ou então imagino o pensamento como uma nuvem que passa: está ali no céu, mas não precisa ficar estacionado na minha frente. Não é fingir que o problema não existe, mas, sim, não deixá-lo virar um monstro maior do que é. Eu já fiquei preso em um elevador, mas não aceito ser dominado pelo medo. Quando chego à recepção do hotel, não escolho andar para ficar, e se preciso entrar em um elevador, trato de enfrentar os pensamentos que surgem, sem permitir que eles me dominem.

Às vezes, preciso ajustar as armas ao nível da batalha. Porque tem pensamento que é teimoso, volta toda hora como visita chata batendo à porta. Nessas horas, eu tento mudar o rumo da prosa: se estou ansioso por algo que não consigo resolver de imediato, por exemplo, levanto e arrumo minha bagunça na mesa ou ponho um louvor que eu gosto e começo a adorar a Deus. É um jeito de cortar o fio da meada. Não preciso tolerar todos os pensamentos que surgem. Assim como não deixaria alguém entrar na minha casa para me irritar, também não devo permitir que um pensamento faça isso.

No fundo, determinar consiste em retomar o controle e possuir autoridade sobre nós mesmos. Esses pensamentos ansiosos agem como pequenos ladrões astutos: se descuidarmos, levam nossa tranquilidade sem aviso prévio. No entanto, quando decidimos que não poderão interferir, é como afirmar: "Aqui, a autoridade é minha". Admito que há dias em que vacilo e eles ganham terreno, mas a cada vez que consigo dizer "afaste-se", sinto-me um pouco mais no comando de mim mesmo. É uma habilidade que aprimoramos com o tempo, combinando paciência com um cuidado especial para consigo, assegurando assim que não desistamos. O Espírito Santo sempre nos ajuda a vencer exatamente nesses momentos.

Conclusão

Questionar pensamentos enganosos, avaliar criticamente emoções negativas e exercer domínio sobre a mente são passos essenciais para encontrar paz interior e viver de acordo com nossos propósitos. Duvidar de ideias que nos desviam da verdade nos protege de armadilhas mentais, enquanto analisar nossas emoções negativas impede que elas nos controlem sem razão. Dominar o que ocupa nossa mente, escolher o que acolher ou rejeitar nos dá liberdade para focar no que edifica. A Bíblia oferece sabedoria clara para cada um desses pontos.

Para questionar pensamentos enganosos, 2Coríntios 10.5 nos orienta: "Levamos cativo todo o entendimento para torná-lo obediente a Cristo". Isso nos ensina a testar cada ideia contrária à verdade de Deus, rejeitando o que não se alinha. Ao avaliar criticamente emoções negativas, Filipenses 4.6-7 nos guia: "Não andem ansiosos por coisa alguma, mas em tudo, por meio da oração e da súplica, com ação de graças, apresentem os seus pedidos a Deus. Então, a paz de Deus, que excede todo o entendimento, guardará o coração e os pensamentos de vocês em Cristo Jesus". Aqui somos chamados a entregar a ansiedade a Deus, trocando-a por gratidão e paz. Já para exercer domínio sobre a mente, Romanos 12.2 nos exorta: "Não se amoldem ao padrão deste mundo, mas transformem-se pela renovação da sua mente, para que vocês experimentem a boa, agradável e perfeita vontade de Deus". Isso nos incentiva a moldar nossos pensamentos intencionalmente, alinhando-os com o que é bom.

Aprenda a duvidar de todas as crenças falsas que limitam. Questione a ideia de que não é capaz de superar conflitos, desafios ou dificuldades.

Esses ensinamentos mostram que a mente é um campo de batalha, mas também um espaço que podemos cultivar com a ajuda de Deus, escolhendo a verdade, a paz e a vontade divina sobre o caos.

Ao refletir sobre comportamentos, tanto próprios quanto alheios, podemos identificar se há controle consciente dos pensamentos ou se a mente está fora de controle. Momentos de ansiedade ou estresse frequentemente resultam em reações impulsivas. Práticas como ouvir louvores, caminhar ou meditar ajudam a restaurar o equilíbrio.

A gestão dos pensamentos está diretamente ligada à saúde emocional. Pensamentos bem conduzidos, orientados pelo Espírito Santo, promovem qualidade de vida. Infelizmente, muitos não desfrutam das promessas de Deus devido à falta de inteligência emocional e de autocontrole.

Práticas como a oração e a meditação sobre o que Deus já disse desempenham papel crucial nesse processo. Paulo nos convida ao autoconhecimento, desafiando-nos a examinar por que reagimos de determinadas formas e enfrentamos certos desafios. É um convite ao crescimento pessoal e à reflexão sobre nossos próprios hábitos e comportamentos.

CAPÍTULO 9

Quando perceber que está pensando negativamente, redirecione seu foco para algo positivo e verdadeiro.

Aquietando uma mente ansiosa

A mente humana é uma força poderosa e influente. No entanto, quando os pensamentos se tornam negativos e persistentes, podem gerar um estado de ansiedade. Como aquietar uma mente cheia de perturbações? Preocupação excessiva, instabilidade emocional, inquietação, intolerância à frustração, dificuldade de concentração, fadiga intensa, cansaço ao acordar, dores físicas (como de cabeça ou musculares), sofrimento por antecipação e prejuízos na memória são apenas alguns dos efeitos do pensamento acelerado. Já mencionamos que isso é, muitas vezes, resultado do ritmo frenético dos grandes centros urbanos, que proporciona um excesso de informações. Esse cenário contribui para o surgimento de uma mente hiperativa, agitada, impaciente, com dificuldades no campo criativo e baixo nível de tolerância.

Os principais alvos dessa condição são profissionais submetidos a avaliações constantes e a um ritmo acelerado de trabalho, sem espaço para relaxar, o que compromete seu rendimento. Em outras palavras, quanto mais ativista for uma pessoa, maior será a perturbação mental, o que pode resultar em doenças emocionais, como ansiedade, bipolaridade, transtorno do déficit de atenção com hiperatividade (TDAH) e transtorno de personalidade borderline. Como um abismo chama outro abismo, observa-se também o aumento no uso de drogas lícitas e ilícitas. O excesso de estímulos — provenientes de celulares, redes sociais e a rapidez das informações — tem levado muitos a uma sobrecarga emocional, contribuindo para o crescimento de casos de suicídio, motivados pela solidão e pelo vazio da alma.

A mente e a geração da ansiedade

Palpitações, respiração ofegante, sensação de perigo iminente e medo são sintomas comuns entre aqueles que sofrem de transtorno de ansiedade. Embora um certo nível de ansiedade seja natural e até saudável, muitas pessoas vivenciam níveis elevados sem razão aparente. Isso ocorre porque, no transtorno de ansiedade, a percepção de perigo é distorcida.

É natural que nosso estado emocional influencie a forma como enxergamos o mundo. O problema, no caso da ansiedade, é que ela pode alterar o foco da nossa atenção. Dessa maneira, a ansiedade torna a atenção enviesada, afetando nossa consciência em relação ao ambiente ao redor e, consequentemente, a interpretação da realidade.

Os efeitos dessa alteração na atenção são bem conhecidos: pessoas que enfrentam transtornos de ansiedade frequentemente têm sua visão de mundo e crenças moldadas de forma negativa devido a essa mudança no foco.

A ansiedade, muitas vezes, nasce de pensamentos preocupantes e antecipatórios. Imagine a mente como um terreno fértil: se plantarmos pensamentos de medo e incerteza, essas sementes crescerão, transformando-se em um jardim de ansiedade. Ideias como "E se algo der errado?" ou "Não vou conseguir lidar com isso" se repetem incessantemente, desencadeando uma reação em cadeia de estresse e preocupação. Esses pensamentos não apenas ocupam a mente, mas também impactam o corpo, gerando uma constante sensação de alerta e tensão. Esse estado de ansiedade crônica se manifesta em sintomas físicos e emocionais que comprometem a qualidade de vida.

Os males da ansiedade

A ansiedade tem efeitos devastadores tanto na mente quanto no corpo. Vejamos alguns deles:

Problemas de saúde física

- **Insônia**: A ansiedade dificulta o sono, deixando-nos exaustos e menos aptos a lidar com o estresse.
- **Tensão muscular**: A tensão constante pode causar dores no corpo e até enxaquecas.
- **Problemas digestivos**: Ela pode afetar o sistema digestivo, provocando náuseas, dores de estômago e outros transtornos.
- **Pressão arterial elevada**: O estresse contínuo pode aumentar a pressão arterial, colocando em risco a saúde cardiovascular.

Problemas de saúde mental

- **Depressão**: A ansiedade não controlada pode levar à depressão, criando um ciclo vicioso de sofrimento emocional.
- **Transtornos de pânico**: Ansiedade severa pode resultar em ataques de pânico, episódios intensos de medo e desconforto físico.

Interferência na vida diária

- **Desempenho no trabalho e nos estudos**: A ansiedade prejudica a concentração e a produtividade.
- **Relações pessoais**: Dificulta a manutenção de relacionamentos saudáveis, pois a pessoa ansiosa tende a se isolar ou a enfrentar conflitos frequentes.
- **Tomada de decisões**: A ansiedade pode paralisar a capacidade de tomar decisões, aumentando a insegurança e a dúvida.

A paz que excede todo entendimento

Em Filipenses 4, Paulo nos oferece valiosos conselhos sobre como vencer as batalhas da mente. Ele aborda a importância de não nos inquietarmos com coisa alguma, a prática da gratidão e o poder de pensamentos positivos, alinhados com a verdade de Deus. No verso 6, Paulo nos instrui: "Não andem ansiosos por coisa alguma, mas em tudo, por meio da oração e da súplica, com ação de graças, apresentem os seus pedidos a Deus". Aqui, ele destaca que a ansiedade e a inquietação não devem dominar nossos pensamentos. Em vez disso, somos encorajados a levar nossas preocupações ao Pai em oração.

A ansiedade frequentemente surge quando tentamos controlar todas as situações ao nosso redor. Muitas das circunstâncias que enfrentamos estão além do nosso alcance ou desejo. O máximo que podemos fazer é aprender a reagir às situações da melhor maneira possível. Nosso controle está limitado às nossas reações. Ou seja, você não controla as circunstâncias, mas controla como reage a elas.

Ainda assim, muitas pessoas tentam gerenciar suas vidas e, por vezes, as vidas dos outros. Indivíduos controladores raramente encontram um meio-termo entre o que podem ou não controlar, resultando em grande sofrimento emocional. Eles têm dificuldade em sossegar diante de situações complexas porque não conseguem abandonar a ideia de que precisam estar a par de tudo.

Além disso, pessoas controladoras frequentemente ultrapassam os limites alheios devido à ansiedade. Não suportam ver entes queridos sofrerem e, por isso, tentam encontrar soluções para os problemas deles. Da mesma forma, podem ser excessivamente críticas à aparência ou ao comportamento dos outros, acreditando que esses fatores evitarão algum sofrimento. Contudo, não percebem que cada indivíduo deve lidar com os próprios problemas. Essa busca ilusória por controle gera inquietação mental e um desgaste sem precedentes. Por isso, não se deixe dominar pelo que você não pode controlar.

Embora precisemos nos planejar e nos preparar para algumas situações em nossa vida, assim como supervisionar e direcionar o comportamento de outros, como no caso das crianças, não é possível exercer controle absoluto. Paulo nos ensina que confiar em Deus, por meio da oração e súplica, é a chave para acalmar a mente. Esse ato de entregar nossas preocupações ao Criador não apenas alivia o fardo, mas também nos traz paz.

A importância da gratidão

Paulo, nesse texto, destaca a importância de incluir a gratidão em nossas orações: "com ação de graças". A gratidão é uma prática poderosa que transforma nossa perspectiva. Entre palavras de pedido, como "por favor", "me dê" e "me ajude", Paulo nunca deixava faltar uma palavra essencial: obrigado. Talvez por isso, ele tenha declarado em outro momento: "Em tudo dai graças [...]" (1Tessalonicenses 5.18, ARC). O apóstolo entendia que o Criador tem propósitos específicos em cada circunstância da nossa vida, seja em momentos de alegria ou sofrimento, fartura ou escassez. Ele nos lembra de que Deus age em todas as coisas para o bem daqueles que o amam (cf. Romanos 8.28). Por isso, ensinou: "sejam agradecidos em tudo".

Gratidão é a consciência atenta aos benefícios da vida. Pessoas gratas tendem a ser mais empáticas e a perdoar com mais facilidade. Demonstram menos inveja, materialismo e egocentrismo. Além disso, a gratidão melhora a autoestima, fortalece os relacionamentos, aumenta a qualidade do sono e contribui para a longevidade. Observa-se que a terapia divina para a ansiedade inclui uma generosa dose de gratidão. O coração ansioso diz: "Senhor, se eu tivesse isso ou aquilo, estaria bem". Já o coração grato declara: "Pai, tu já fizeste tanto por mim. Obrigado, Abba".

A gratidão é a memória do coração. Um coração grato enxerga bênçãos e encontra inúmeros motivos para louvar ao Senhor. O sábio sabe que, quando somos gratos, a ansiedade se retira discretamente, "pela porta dos fundos".

A preocupação resiste a compartilhar espaço no coração com a gratidão. Consequentemente, um agradecimento sincero sufoca a preocupação que assola nossa mente. Concentre-se mais no que tem de bom e menos no que não possui. O apóstolo Paulo aplicou esse princípio: "[...] pois aprendi a adaptar-me a toda e qualquer circunstância. Sei o que é passar necessidade e sei o que é ter fartura. Aprendi o segredo de viver contente em toda e qualquer situação, seja bem alimentado, seja com fome, tendo muito ou passando necessidade. Tudo posso naquele que me fortalece" (Filipenses 4.11-13).

Paulo aprendeu a viver contente, independente das circunstâncias. Ele estava preso em Roma ao escrever essa carta, mas sabia que tinha o amor de Deus, o perdão dos pecados, a certeza da salvação e da vida eterna. Ele tinha Cristo, e Cristo era suficiente. O que Paulo possuía no Senhor era maior do que qualquer falta nesta vida. Por isso, afirmou: "Para mim, o viver é Cristo e o morrer é lucro" (Filipenses 1.21, ARA). Assim, vivia contente. Também podemos viver dessa forma. Trate cada pensamento ansioso, rebatendo-o com gratidão a Deus e prepare-se para um novo dia de alegria. Deus o abençoe!

Quando agradecemos ao Senhor, mesmo em meio às dificuldades, mudamos o foco dos problemas para as bênçãos. Essa mudança é crucial na batalha da mente, ajudando-nos a perceber a bondade divina em todas as circunstâncias.

Pesquisas modernas também confirmam os benefícios da gratidão. Pessoas que a praticam regularmente tendem a ser mais felizes e menos estressadas. No âmbito espiritual, a gratidão fortalece a fé e nos lembra das muitas vezes em que o Todo-Poderoso foi fiel, renovando nossa confiança nele.

Por que uma mente saudável torna o coração saudável e cheio de paz

Uma mente saudável é a base para um coração em paz. Nossos pensamentos afetam diretamente nossas emoções. Quando a mente está cheia de pensamentos positivos e de confiança em Deus, o coração experimenta serenidade e esperança. Ansiedade e medo devem dar lugar à confiança.

Para alcançar uma mente saudável, considere:

- Conversar sobre o que sente: cultive relacionamentos confiáveis e enfrente conversas difíceis de forma honesta. Relacionamentos humanos são delicados, e divergências são naturais. Discussões saudáveis ajudam a expressar sentimentos e estabelecer pontos de vista. Contudo, guardar mágoas ou ressentimentos pode prejudicar a saúde mental. Desabafe de maneira pacífica, eliminando o peso da consciência e prevenindo que esses sentimentos gerem ansiedade ou outros sintomas. Procure um mentor, faça terapia ou converse com um especialista. O que não se resolve se transforma em um fardo.

- Cultivar a gratidão: a gratidão muda nosso foco do que está errado para o que está certo.
- Orar continuamente: a oração nos conecta com Deus, dá perspectiva e nos lembra de que não estamos sozinhos.
- Focar em pensamentos positivos: escolha deliberadamente pensar no que é bom e verdadeiro, protegendo a mente de ataques de negatividade.
- Descansar: o descanso é essencial para renovar as forças do corpo e da mente, aliviando a exaustão de uma rotina intensa. Reserve momentos para pausas diárias e períodos mais longos sempre que possível. Um sono regular é indispensável para recompor as energias. Prepare um ambiente confortável, evite o celular antes de dormir e reduza o excesso de informações das redes sociais.

Paulo sabia que a batalha da mente é crucial para a saúde espiritual e emocional. Seguindo seus ensinamentos em Filipenses 4, encontramos não apenas a maneira de lidar com as ansiedades da vida, mas também a receita para uma vida plena, repleta da paz que excede todo entendimento. Uma mente focada em Deus e em suas promessas é livre, leve e está em constante tranquilidade, refletindo diretamente em um coração saudável, pronto para amar, servir e confiar no plano divino.

Pensamentos que trazem paz

Paulo continua em Filipenses 4.8: "Finalmente, irmãos, tudo o que for verdadeiro, tudo o que for nobre, tudo o que for correto, tudo o que for puro, tudo o que for amável, tudo o que for de boa fama, se houver algo de excelente ou digno de louvor, pensem nessas coisas". Ele não está apenas oferecendo um conselho, mas fazendo dessa exortação um convite para que todos adotem um estilo de vida transformado pelo Espírito Santo. Paulo deixa claro que tudo o que aprendemos e recebemos deve ser aplicado em nossa vida diária, como ele próprio exemplifica: "O que também aprendestes, e recebestes, e ouvistes, e vistes em mim, isso praticai; e o Deus de paz será convosco" (Filipenses 4.9).

O apóstolo destaca que não basta ouvir e aprender; é essencial colocar em prática. Ele se apresenta como modelo, alguém cuja vida reflete o que ensina. Seu desejo é que a igreja não apenas pense em coisas virtuosas, mas que viva de acordo com esses princípios. Refletir sobre o que é "amável" e "de boa fama" não se limita a sentimentos superficiais, mas está profundamente ligado ao conteúdo moral e espiritual que deve preencher nossa mente. Ao manter nossos pensamentos fixos nessas virtudes, nosso comportamento se alinha com o caráter de Cristo, a fonte de toda bondade e verdade.

Assim, nossas palavras e ações devem refletir esse padrão de pensamento, pois "a boca fala do que está cheio o coração" (Lucas 6.45, ARA). Por isso, é crucial prestarmos atenção ao que sai dos nossos lábios.

Devemos nos dedicar a aprender os princípios do Pai, estudando sua Palavra e permitindo que o Espírito Santo transforme nosso coração e mente. O que a preenche determina nossas ações e reações diante das adversidades da vida, como Paulo, que aprendeu a viver contente em qualquer circunstância (cf. Filipenses 4.11).

Ele nos orienta a focar em pensamentos positivos e edificantes. A mente é um campo de batalha, e aquilo que alimentamos em nossos pensamentos muitas vezes determina nossa paz interior. Ao escolher deliberadamente pensar no que é verdadeiro, nobre, justo, puro, amável e de boa reputação, protegemos nossa mente contra as investidas do Maligno. Vamos analisar algumas chaves contidas nesse poderoso ensinamento:

Tudo o que é verdadeiro

Paulo nos convida a focar no que é verdadeiro, ou seja, no que é autêntico e está em conformidade com as Escrituras e a palavra do Criador. Isso implica rejeitar mentiras, falsidades e hipocrisias, buscando viver em integridade. O verdadeiro se baseia em fatos e realidades, não em suposições ou enganos. Evite consumir informações de fontes não confiáveis. Leia, estude e medite na Bíblia, onde a verdade é a base. Rejeite pensamentos enganosos da serpente. O antídoto para o veneno da mentira é a verdade, que está na Palavra que o Eterno liberou sobre sua vida.

Tudo o que é honesto

A honestidade vai além da ausência de engano, abrangendo seriedade e comportamento digno. Onde há honestidade, a mentira não germina. A honestidade reflete integridade e transparência. Seja sincero em palavras e ações, reconheça e corrija erros quando necessário. Relacione-se com pessoas que valorizam a verdade e a integridade. Cultive pensamentos honestos sobre sua identidade e valor. Paulo nos chama a viver com reverência, evitando atitudes levianas e triviais.

Tudo o que é justo

A justiça envolve tratar os outros com equidade e retidão, tanto no relacionamento com Deus quanto com as pessoas. Paulo ressalta a importância de viver de forma a refletir a justiça divina, combatendo impiedades, violências e injustiças. Pensar no que é justo é promover equidade e moralidade, além de perdoar a si mesmo e respeitar suas cicatrizes para praticar atos de justiça.

Tudo o que é puro

A pureza aqui mencionada diz respeito à santidade em pensamentos, palavras e ações. Paulo nos chama a rejeitar impurezas, conversas imorais ou comportamentos indecentes. Pureza está ligada à limpeza moral e espiritual. Proteja seus pensamentos contra influências negativas e mantenha-se firme na oração e na leitura das Escrituras. A pureza reflete a vontade do Criador e um coração consagrado a ele.

Tudo o que é amável

Pensar em coisas amáveis é focar em bondade, carinho e compaixão. Envolva-se em atos de gentileza, como ajudar os necessitados, e evite pensamentos ou ações prejudiciais. Sirva pessoas, pois quem serve é curado. Invista no sonho de outros, console os que sofrem e celebre com os que se alegram. Ser amável promove amizade e amor entre as pessoas.

Tudo o que é de boa fama

Isso se refere a pensamentos respeitáveis e dignos de admiração. Inspire-se em pessoas cujo caráter é exemplar. Viva de forma a preservar uma boa reputação, algo precioso aos olhos de Deus e dos homens. Ainda que seja necessário sacrificar a reputação por Cristo, nossa conduta deve sempre refletir justiça e retidão.

Se existe alguma virtude

Virtude é excelência moral e prática. Desenvolva virtudes por meio de bons hábitos e busca pela santidade, imitando os ensinamentos de Cristo. A virtude deve ser buscada em todas as áreas da vida, em oposição ao vício.

Se existe algum louvor

Reconheça e agradeça pelas bênçãos em sua vida. A palavra "louvor" refere-se a atitudes ou ações dignas de reconhecimento. Mesmo em situações inesperadas, como no caso do mordomo infiel (cf. Lucas 16.1-13), devemos valorizar qualidades como sabedoria e inteligência.

Nisso pensai

Paulo nos exorta a meditar profundamente nessas virtudes. O verbo "pensar" implica reflexão constante e intencional. Somos chamados a internalizar essas qualidades e aplicá-las em ações concretas. A transformação vem da meditação que conduz à prática, moldando nosso caráter à semelhança de Cristo.

Práticas diárias para uma mente saudável

Para manter uma mente saudável, considere as seguintes práticas:

Orações e súplicas diárias

Comece e termine o dia apresentando ao Pai suas preocupações e ansiedades. Confie na capacidade dele de cuidar de você e suprir suas necessidades.

Diário de gratidão

Todos os dias, escreva pelo menos três coisas pelas quais é grato. Essa prática reforçará uma mentalidade positiva e o ajudará a reconhecer as bênçãos diárias.

Meditação na Palavra

Dedique tempo diário para refletir em versículos que falem sobre paz, confiança e gratidão. Deixe que a Palavra de Deus penetre em seu coração e mente, renovando seus pensamentos.

Filtragem de pensamentos

Esteja atento ao que passa por sua mente. Ao perceber pensamentos negativos, redirecione seu foco para algo positivo e verdadeiro, como ensina Filipenses 4.8.

Atos de bondade

Realize pequenas ações que sejam nobres e amáveis. Essas atitudes não apenas beneficiam os outros, mas também enchem sua própria mente de positividade e propósito.

Comunhão com outros crentes

Participe de grupos de estudo bíblico ou de oração. Compartilhar lutas e vitórias com irmãos na fé pode trazer encorajamento e fortalecer sua caminhada espiritual.

Visualização positiva

Reserve um momento do seu dia para fechar os olhos e visualizar situações em que você está vivendo de acordo com os princípios do Criador. Essa prática fortalecerá sua mente e espírito.

Louvor e adoração

Escute músicas que glorifiquem a Deus e use esse tempo para adorá-lo e agradecer. Isso criará um ambiente de paz e alegria em sua vida.

Ao seguir essas práticas, você aplicará os ensinamentos de Paulo em Filipenses 4 à sua vida diária, promovendo uma mente saudável e cheia de paz. A confiança no Todo-Poderoso, a gratidão constante e a escolha de pensamentos edificantes são essenciais para vencer as batalhas mentais e viver uma vida plena e abundante em Cristo.

Ao escolher deliberadamente pensar
no que é verdadeiro, nobre, justo, puro,
amável e de boa reputação, protegemos
nossa mente contra as investidas
do Maligno.

CAPÍTULO

10

O silêncio com Deus fortalece nossa alma e acalma nossa mente.

Contemplação e meditação

A prática da contemplação é essencial para superar as batalhas que enfrentamos na mente. Desligar-se da correria do dia a dia e das demandas da agenda cotidiana nos ajuda a encontrar paz e clareza, conectando-nos com algo maior do que nós mesmos. Jesus, em sua infinita sabedoria, convida-nos a observar as aves do céu e as flores do campo como uma forma de nos afastarmos das preocupações diárias e nos aproximarmos da obra divina.

"Portanto, eu lhes digo: não se preocupem com suas próprias vidas, quanto ao que comer ou beber; nem com seus próprios corpos, quanto ao que vestir. Não é a vida mais importante do que a comida, e o corpo mais importante do que a roupa?" (Mateus 6.25). As palavras de Jesus ressaltam a importância de não nos distrairmos com o dia de amanhã. Quando nos preocupamos excessivamente com o futuro, perdemos o foco do momento presente e deixamos de vivê-lo de maneira plena diante de Deus.

Certamente, esse texto não é um incentivo à imprudência ou ao desprezo pelo planejamento, mas sim um chamado para que vivamos o hoje sem ansiedade. Podemos confiar no cuidado do Senhor. É possível plantar confiando que ele trará a chuva, fazer a nossa parte e descansar na sua provisão.

As aves, criaturas tão simples de se observar, podem ser vistas até mesmo na varanda de casa ou durante uma caminhada matinal. A diversidade de cores, hábitos, aparência e canto, além de suas ações curiosas, tornam a observação desses animais um passatempo enriquecedor.

No Sermão do Monte, Jesus nos ensina: "Observem as aves do céu, que não semeiam, nem colhem, nem ajuntam em celeiros, e vosso Pai celestial as alimenta. Não têm vocês muito mais valor do que elas?" (Mateus 6.26). Ele também questiona: "E por que se preocupam com roupas? Observem como crescem os lírios do campo. Eles não trabalham nem tecem." (Mateus 6.28).

Nunca vimos uma ave passar fome, mesmo durante o inverno. Se é tão fácil acreditar nisso, por que duvidamos tanto do cuidado de Deus? Por que permitimos que a ansiedade tome conta de nosso coração?

Ao contemplarmos as aves, percebemos que, mesmo sem semear, colher ou armazenar, elas recebem provisão regularmente. Instintivamente, confiam no Criador e não se preocupam com o amanhã. Isso as permite louvar ao Todo-Poderoso com o melhor de si. Você já pensou que o canto dos pássaros é uma bela expressão de gratidão e alegria?

Após ensinar sobre a providência divina, Jesus perguntou: "Não valeis vós muito mais do que as aves?" (Mateus 6.26b, ARA). Certamente, sim! Embora as aves sejam criaturas maravilhosas que embelezam os céus, nós somos filhos amados de Deus, o Pai celestial.

Salmos 19.1-2 nos lembra: "Os céus proclamam a glória de Deus e o firmamento anuncia a obra das suas mãos. Um dia fala disso a outro dia, uma noite o revela a outra noite" (ARA). Esse salmo ressalta que a criação é uma manifestação constante da glória divina. Paulo também escreve em Romanos 1.20: "Pois desde a criação do mundo os atributos invisíveis de Deus, seu eterno poder e sua natureza divina, têm sido claramente vistos, sendo compreendidos por meio das coisas criadas".

A natureza é uma das formas pelas quais Deus se revela a nós. Contemplar a criação nos ajuda a compreender melhor o poder e a presença do Senhor.

A contemplação não é uma prática passiva, mas envolve apreciação ativa e resposta de gratidão pelas maravilhas que Deus criou. Ao dedicarmos tempo para observar e refletir sobre a natureza, fortalecemos nossa fé e nossa mente, encontrando força para enfrentar as batalhas internas com um espírito renovado.

Contemplar a criação nos conecta com Deus, permitindo reconhecer sua mão em cada detalhe ao nosso redor. Ao fazermos isso, encontramos paz e confiança, sabendo que o mesmo Pai que cuida das aves e das flores também cuida de nós com amor e providência. Quando paramos para admirar uma flor, sentimos o toque delicado da mão do Criador. Essa experiência nos enche de admiração e reverência, lembrando-nos de que fazemos parte de algo muito maior.

A contemplação é uma arma poderosa

Na correria do mundo moderno, a contemplação oferece um refúgio indispensável. Jesus sabia que, ao observarmos a simplicidade e a beleza da natureza, poderíamos encontrar paz. Ao focar nas aves do céu e nas flores do campo, desligamos nossa mente das preocupações mundanas e encontramos momentos de tranquilidade. Contemplar a criação também pode trazer benefícios terapêuticos. Estudos contemporâneos confirmam que passar tempo em meio à natureza reduz o estresse, melhora o humor e promove a saúde mental. Jesus nos convida a essa prática não apenas para admirarmos a beleza ao nosso redor, mas porque sabe que ela tem o poder de restaurar nossa alma.

Ao observarmos a natureza, aprendemos lições profundas sobre a vida e a sabedoria divina. A persistência das plantas que crescem em ambientes adversos nos ensina sobre resiliência. A interdependência dos ecossistemas revela a importância da colaboração e do equilíbrio. Esses ensinamentos encontram eco na Palavra de Deus:

Salmos 104.24: "Quão numerosas são as tuas obras, Senhor! Fizeste todas elas com sabedoria; a terra está cheia das tuas criaturas"; Isaías 40.26: "Ergam os olhos e olhem para as alturas. Quem criou tudo isso? Aquele que põe em marcha cada estrela do seu exército celestial e a todas chama pelo nome. Tão grande é o seu poder e tão imensa a sua força que nenhuma delas deixa de comparecer".

Faça da contemplação um hábito diário

Incorporar a contemplação à rotina pode ser simples e extremamente benéfico. Reserve momentos para caminhar em um parque ou em algum local natural, observando atentamente os detalhes ao seu redor. Sente-se em um banco de praça, visite o quintal da sua casa e dedique-se a admirar as obras que o Criador fez para você. Outra prática que ajuda a acalmar a mente e aliviar a inquietação do coração é cuidar de plantas, uma forma prática de manter-se conectado à natureza.

Dedique alguns minutos do dia para simplesmente observar e refletir sobre a criação ao seu redor. A contemplação nos ensina a desacelerar, a valorizar o presente e a encontrar a presença de Deus nas pequenas coisas. Ela é um lembrete constante de que a paz e a sabedoria estão ao nosso alcance; basta parar e observar.

A importância da meditação

Quando a mente está repleta de preocupações e ansiedades, o ato de meditar permite encontrar um espaço de silêncio e tranquilidade. Esse silêncio é essencial tanto para o autoconhecimento quanto para acalmar o ruído constante dos pensamentos.

Em meio à agitação do dia a dia, a meditação surge como uma pausa bem-vinda, auxiliando-nos a alcançar equilíbrio e paz interior. Vamos explorar como essa prática pode ser profundamente transformadora para nossa saúde mental e espiritual.

O poder do silêncio

O silêncio vai além da ausência de som; ele nos conduz a uma camada mais profunda de nós mesmos. Jesus compreendia o poder do silêncio e frequentemente se retirava para orar e meditar. Em Lucas 5.16 lemos: "Mas Jesus retirava-se para lugares solitários e orava".

Buscar momentos de silêncio e solidão nos ajuda a desconectar do barulho constante ao nosso redor, permitindo sintonizar nossos pensamentos e sentimentos mais profundos. O silêncio não é um vazio, mas um espaço fértil onde a introspecção e a conexão com Deus podem florescer. A prática de se abster de ruídos e silenciar é positiva não apenas em momentos de crise, mas também no cotidiano — antes de dormir, durante as refeições ou em intervalos planejados.

Vivemos em um mundo onde somos constantemente bombardeados por notícias, sons, vozes e telas. Por isso, estar em completa ausência de ruídos pode ser desafiador. Mas isso não é um obstáculo insuperável: assim como praticar exercícios físicos ou aprender algo novo, saber estar em silêncio exige prática e perseverança, mas os frutos são abundantes.

Muitas pessoas enfrentam dificuldade para aquietar a mente na hora de orar ou realizar um devocional. Como falar com Deus e meditar nas Escrituras se os pensamentos estão tumultuados?

A preparação antes da oração ou meditação é fundamental. Não podemos esperar aquietar a mente imediatamente se, pouco antes, estivemos envolvidos em conversas intensas, assistindo TV ou imersos na correria diária. É necessário inserir um período de silêncio externo para, então, nos conectarmos com o Criador. Esse momento de pausa auxilia na conexão consigo mesmo e, depois, com o Pai. Afinal, tudo o que nossa alma absorveu antes do momento de oração inevitavelmente surge durante a conversa com Deus, como reflexo do funcionamento da memória. Por isso, é essencial preparar-se adequadamente, buscando cultivar uma relação íntima e profunda com o Pai celestial.

O primeiro passo na meditação é retirar-se ativamente para o silêncio, deixando de lado os ruídos externos e afastando-se de distrações sensoriais. Ao nos assentarmos em quietude, a paz encontra espaço, e nos tornamos conscientes do silêncio que habita o centro do nosso ser. Esse silêncio não é apenas a ausência de som, mas uma energia criativa que nos capacita a sermos proativos a partir de nossos impulsos internos, em vez de reativos a estímulos externos.

O silêncio interior gera a consciência que muitas vezes nos falta no dia a dia. Como disse Laurence Freeman: "O silêncio é realmente sobre estarmos totalmente atentos a quem somos, onde estamos e ao que está acontecendo dentro e fora de nós... trata-se de estar pacificamente atento, não conscientemente, mas simplesmente atento, consciente".[1]

Estar quieto em silêncio constitui a base para a estabilidade, permitindo-nos permanecer espiritualmente e psicologicamente enraizados. Esse enraizamento não se limita às sessões de meditação, mas transforma-se em uma atitude mental permanente,

[1] FREEMAN, Laurence. **Web of Silence**: Letters to Meditators. Londres: Bloomsbury, 1996, p. 73.

capaz de moldar a vida a partir do profundo centro de silêncio no âmago do nosso ser — o ponto de encontro com Deus, nosso Pai celestial. "Parem de lutar e saibam que eu sou Deus! Serei exaltado entre as nações, serei exaltado na terra" (Salmos 46.10).

Autoconhecimento e tranquilidade

A meditação oferece um espelho para nossa alma. Ao nos sentarmos em silêncio e focarmos nossa atenção, começamos a perceber padrões de pensamento e comportamento que antes passavam despercebidos. Esse autoconhecimento é crucial para nossa saúde mental e espiritual. É como examinar cada pedra em um caminho para entender melhor a jornada que estamos trilhando. Ao meditar, você silencia sua mente. Esse espaço vazio criado em seu interior permite a observação de si mesmo. Passa a ter maior consciência do que acontece dentro de você, do porquê desses pensamentos, da maneira como as emoções se manifestam e de como reage às mais diversas circunstâncias do mundo exterior. Paulo escreveu sobre a importância de examinarmos a nós mesmos. Buscar autoconhecimento por meio da meditação é uma jornada que exige coragem, disciplina, foco e um pouco de paciência.

Algumas pessoas começam a meditar, mas desistem muito cedo porque acreditam que a prática trará resultados imediatos. Contudo, não é bem assim. Meditar exige perseverança, pois você criará um hábito que abrirá espaço para um ritmo de vida mais tranquilo, longe da profusão acelerada de pensamentos. É fundamental persistir nessa busca por autoconhecimento. Aos poucos, perceberá mudanças em suas atitudes, o que se traduzirá em maior segurança, confiança no manejo de seus sentimentos e dos sentimentos dos outros, e coragem para seguir por novos caminhos.

A meditação nos permite relaxar, e este é o primeiro passo antes de qualquer outro: relaxar e alcançar a tranquilidade.

Prestar atenção nas pequenas coisas ao seu redor, conectar-se ao mundo e, ao mesmo tempo, perceber-se fora dele. Todo esse trabalho gera uma tranquilidade mental automática, que aos poucos clareia seu raciocínio e a visão sobre todas as coisas. É nesse momento que entra a introspecção e o autoconhecimento: refletir sobre si mesmo, conhecer-se e, pouco a pouco, ver seu amor-próprio florescer dentro de você! Esses movimentos de atenção ao que acontece em seu interior levam à identificação de defeitos, inseguranças, qualidades e potenciais a serem explorados. Meditar é uma forma de renovar nossa mente, afastando-nos das preocupações mundanas e aproximando-nos de Deus.

A importância da meditação na Bíblia

A Bíblia está repleta de ensinamentos que destacam a importância da meditação e do silêncio. Aqui estão alguns exemplos:

Salmos 1.2: "Antes, tem o seu prazer na lei do SENHOR, e na sua lei medita de dia e de noite" (ARC). Esse versículo nos lembra que meditar na Palavra de Deus deve ser uma prática constante. Ao focarmos na lei do Senhor, encontramos orientação e paz.

Salmos 46.10: "Aquietai-vos e sabei que eu sou Deus" (ARC). Aqui, somos chamados a aquietar nossa mente e a reconhecer a presença de Deus. O silêncio nos permite sentir sua proximidade e encontrar conforto em sua presença.

Josué 1.8: "Não se aparte da tua boca o livro desta lei; antes, medita nele dia e noite, para que tenhas cuidado de fazer conforme tudo quanto nele está escrito; porque, então, farás prosperar o teu caminho e, então, prudentemente te conduzirás" (ARC). Esse versículo destaca a importância de meditar na palavra de Deus para alcançar sucesso e prosperidade. A meditação nos ajuda a internalizar os ensinamentos divinos e a viver de acordo com eles.

Encontrando paz a sós com Deus

Meditar nos oferece um momento de intimidade com o Criador. Ao nos desligarmos das distrações do mundo e nos concentrarmos no nosso relacionamento com ele, encontramos uma paz profunda e duradoura. O segredo desse momento com Deus tem o poder de acalmar a nossa mente. Esse tempo de quietude nos permite ouvir a voz de Deus e nos fortalece para enfrentar os desafios da vida. Priorizamos o que consideramos importante. Se sabemos que precisamos estar com Deus todos os dias e que a maior desculpa que damos é a falta de tempo, em meio à correria, o melhor remédio é fazer do período devocional com o Criador a primeira atividade do dia. Se o fizermos antes das outras coisas, não corremos o risco de deixar de fazê-lo. Jesus nos deixou o exemplo: "De madrugada, quando ainda estava escuro, Jesus levantou-se, saiu de casa e foi para um lugar deserto, onde ficou orando" (Marcos 1.35).

Jesus muitas vezes saía cedo de casa para estar a sós com o Pai Celestial. O texto diz que Cristo "foi para um lugar deserto", o que destaca a importância de estarmos a sós com Deus. Não há hora melhor para se ter o devocional do que ao amanhecer. Lemos no Antigo Testamento: "De manhã ouves, SENHOR, o meu clamor; de manhã te apresento a minha oração e aguardo atentamente" (Salmos 5.3). A oração sempre será algo abençoador, mas quando Deus enfatiza o fato de buscá-lo logo de manhã, ele está valorizando aqueles que decidiram colocá-lo como prioridade em seu dia. Buscar ao Senhor no início do dia é honrá-lo como o mais importante.

Incorporando a meditação na vida diária

Incorporar a meditação em nossa rotina pode ser um desafio, mas os benefícios são imensos. Aqui estão algumas formas práticas de fazê-lo:

Estabeleça um lugar de paz: Encontre um local tranquilo em sua casa onde você possa se sentar confortavelmente e sem interrupções. Esse espaço se tornará um santuário pessoal para a meditação diária.

Tempo regular: Dedique um horário específico do dia para meditar. Pode ser pela manhã, antes de iniciar suas atividades, ou à noite, antes de dormir. A consistência é essencial para transformar a meditação em um hábito.

Uso da respiração: Concentre-se na sua respiração. Inspire e expire lentamente, permitindo que cada respiração acalme sua mente. Esse foco ajuda a controlar os pensamentos dispersos.

Foco na Palavra: Use um versículo bíblico como ponto de meditação. Repita-o lentamente e permita que ele ressoe dentro de você. Deixe que as palavras penetrem profundamente em seu coração e mente.

Jornal espiritual: Mantenha um caderno onde você possa escrever os versículos que leu, suas reflexões e como esses ensinamentos podem ser aplicados em sua vida. Esse hábito ajuda a internalizar e a recordar as passagens bíblicas.

Memorização de versículos: Escolha um versículo por semana para memorizar. Recite-o durante o dia, especialmente nos momentos de ansiedade ou necessidade de orientação. Ter a palavra de Deus em mente fortalece nossa fé.

Oração meditativa: Após ler a Bíblia, passe algum tempo em oração, pedindo a Deus entendimento e sabedoria para aplicar a palavra dele em sua vida. Deixe que sua voz fale ao seu coração.

Prática da gratidão: Antes de dormir, reserve um momento para agradecer a Deus pelas bênçãos do dia e refletir sobre como sua palavra se manifestou em suas ações e pensamentos.

Tempo de silêncio: Dedique alguns minutos do seu dia para estar em completo silêncio, permitindo que a palavra de Deus ressoe dentro de você. Use esse tempo para se conectar profundamente com ele e ouvir sua orientação.

Partilha em comunidade: Participe de estudos bíblicos ou grupos de oração. Compartilhar suas reflexões e ouvir as experiências dos outros pode enriquecer sua prática de meditação.

Aplicação prática: Identifique formas de aplicar os ensinamentos bíblicos em sua vida diária. Seja através de atos de bondade, paciência ou decisões baseadas na sabedoria das Escrituras, busque viver a palavra de Deus.

Visualização espiritual: Feche os olhos e visualize-se vivendo os ensinamentos bíblicos. Imagine-se em situações em que você pratica a paciência, o amor e a fé, conforme a palavra de Deus.

Acompanhamento de progresso: Regularmente, revise suas anotações e reflexões para acompanhar seu crescimento espiritual. Identifique áreas onde você tem melhorado e outras que ainda necessitam de mais foco e oração.

Meditar é mais do que uma prática espiritual; é uma jornada para dentro de nós mesmos, onde encontramos o Criador e, através dele, encontramos a nós mesmos. Ao incorporar a meditação em nossa vida, descobrimos um caminho para o autoconhecimento e para uma vida mais equilibrada e serena.

A prática da contemplação é essencial para superar as batalhas que enfrentamos na mente.

CAPÍTULO 11

Transforme seus pensamentos e transformará sua vida.

Janela da memória

Vimos até aqui o quanto é essencial gerenciar nossos pensamentos, cuidando do que permitimos habitar em nossa mente. Paulo orientou a igreja de Filipos a selecionar bem os pensamentos, preservando-os como um reflexo da nossa fé e mentalidade.

Já refletimos sobre o impacto negativo dos maus pensamentos e introduzimos algumas estratégias para controlar a mente. Aprendemos a duvidar e a criticar pensamentos enganosos, confrontando crenças falsas e enfrentando as angústias mentais. Agora, vamos avançar, explorando dois conceitos-chave: o auto fluxo e, especialmente, a "janela da memória".

A janela da memória representa uma área na nossa mente que serve como uma âncora para a construção de pensamentos e ideias. É por meio dela que formamos imagens mentais. Por exemplo, ao ler a Bíblia e imaginar cenas como a de Jesus no Mar da Galileia, é pela janela da memória que visualizamos o tamanho do mar, os discípulos pescando, o barco e as redes sendo lavadas. Esse é um uso positivo dessa "janela", pois nos permite construir imagens que dão vida ao que lemos e ouvimos.

Contudo, essa mesma janela pode se tornar uma fonte de pensamentos negativos e dramáticos, criando ideias prejudiciais e até dolorosas. Por isso, entender como administrar essa parte da nossa mente é fundamental para evitar que pensamentos destrutivos tomem forma. Vamos prosseguir nossa jornada, examinando esses conceitos à luz da Palavra e buscando formas práticas de gerenciar a janela da memória para que ela nos conduza a pensamentos que edificam.

Assim como é benéfico exercitar a memória visualizando cenas enquanto lemos, precisamos estar atentos ao fato de que esse processo também pode nos levar a imaginar situações irreais ou negativas. Nossa mente possui a capacidade de estabelecer padrões de comportamento baseados nas informações e experiências que acumulamos.

Por exemplo, uma mulher grávida começa a notar outras gestantes ao seu redor com mais frequência, ou alguém que compra um carro específico logo percebe inúmeros modelos iguais na rua. Isso acontece porque a mente cria padrões comportamentais com base nas vivências pessoais.

O mesmo princípio ocorre com pensamentos negativos: ao alimentá-los, podemos desenvolver padrões destrutivos e uma visão distorcida e catastrófica da realidade. Por isso, é fundamental cuidar do que imaginamos e do que a janela da memória permite formar.

Quando a janela da memória é combinada com o auto fluxo — o movimento rápido de pensamentos — ela pode desencadear uma onda de lembranças, trazendo à tona desde situações da infância até eventos passados, o que cria um turbilhão mental. Portanto, é vital monitorar a sua imaginação, direcionar seus pensamentos e controlar o que a sua janela da memória projeta. Segundo a teoria da Inteligência Multifocal, a janela da memória, o auto fluxo e o gatilho da memória são elementos que moldam nossa identidade e ajudam a construir nossa autoimagem ao longo da vida.

Esses três coadjuvantes — a janela da memória, o auto fluxo e o gatilho da memória — são responsáveis por arquivar e revelar quem somos, refletindo nossa essência, origem e experiências. Eles têm conexão direta com nossa infância, cotidiano, relacionamentos, empregos e até os lugares que frequentamos. Ao compreender como esses elementos operam, você fortalece sua identidade e enraíza sua autopercepção.

Paulo orienta que devemos focar nossos pensamentos em tudo o que é verdadeiro, justo, puro, amável e virtuoso. Essa prática consolida uma identidade fundamentada em princípios bíblicos e fortalece a responsabilidade de cada um com a própria saúde mental. Quando Paulo se refere à "igreja", ele fala de cada indivíduo que compõe esse corpo espiritual, destacando a importância de cuidarmos não apenas do espírito, mas também da mente, enquanto templos vivos do Espírito Santo.

Tomar as rédeas e exercer governo sobre a própria mente é fundamental. Jeremias fez isso quando exclamou: "Vou me lembrar do que me traz esperança" (cf. Lamentações 3.21). Essa é uma decisão consciente, um compromisso de cuidar da nossa mente e ser o próprio gestor dos pensamentos. Podemos escolher no que focar, e essa é uma escolha diária que cabe a nós fazermos.

Lembra do conceito de gatilho da memória? Ele nos ajuda a trazer à tona lembranças e, ao questionarmos nossos pensamentos, fortalece nosso autoconhecimento. É crucial aprender a duvidar, criticar e, ao mesmo tempo, escolher quais pensamentos manter. Essa prática deve ser contínua, realizada com coragem e determinação ao longo do dia. E é importante lembrar: o Espírito Santo é nosso maior aliado nesse processo, pois ele fomenta nosso autogoverno.

Para exercermos um controle verdadeiro sobre nós mesmos, é necessário entender o poder das nossas crenças. O que acreditamos molda nossas emoções e reações, por isso é essencial questionar as crenças que nos causam desconforto. Quando acreditamos que algo vai dar errado, por exemplo, acabamos sabotando nossa paz e privando-nos de um sono tranquilo.

Desafie-se

Desafiar crenças limitantes, vencer o medo e a ansiedade e confrontar pensamentos negativos são etapas fundamentais. Ao reconhecer que essas emoções tentam dominar a mente, tomamos o controle e fortalecemos a capacidade de governar nossos pensamentos e sentimentos. Lembro-me de que, quando fiquei preso em um elevador, tive consequências dessa experiência traumática em minha vida, mas não me permiti ser derrotado por ela. Encarei aquela situação de frente. Sempre que me hospedo em algum hotel, não escolho o andar, mas desafio minha mente e ressignifico aquele trauma. Isso me traz paz.

Imagine a seguinte situação: você tem um teste de direção no Detran amanhã. O primeiro pensamento que surge é: "Vou reprovar e terei que pagar mais 300 reais no reteste. Poderia usar esse dinheiro para outra coisa". A mente entra em um fluxo acelerado, indo além do teste em si e considerando custos e outras preocupações. Esse é um exemplo de autossabotagem.

Nesse momento, vá à raiz do pensamento. Pergunte-se: "Por que estou pensando assim? Por que duvido da minha capacidade de passar?" Com a ajuda do Espírito Santo, reconheça que é possível superar essa insegurança. Entre no segundo estágio: rejeite a preocupação excessiva. Critique o pensamento de derrota e recuse a ideia de que você não é capaz.

Como fazer isso? Desvie o foco: assista a um filme, converse com um amigo, faça uma caminhada. Se já fez o que estava ao seu alcance, rejeite tudo que alimente a insegurança. Aproveite o momento para relaxar, ler a Bíblia ou ouvir um louvor, descartando a preocupação e evitando a autossabotagem.

Agora, no terceiro estágio, descarte o pensamento. Entenda que gerenciar a mente envolve criticar, rejeitar e, finalmente, afastar tudo o que não agrega ao seu bem-estar mental.

Pode parecer simples na teoria, mas sei que, na prática, exige persistência. Esse processo é um treino diário, uma vitória de cada vez. Não se preocupe se parecer desafiador no início; com o tempo e a repetição, esse exercício se torna mais natural. Por isso, desafie-se, encare seus medos de frente e faça como Davi: esqueça o tamanho do gigante e foque na recompensa.

Treine sua mente

Treinar a mente é como construir uma casa: requer paciência e perseverança, pois nada fica pronto da noite para o dia. Ao pensar no futuro, nossa intenção deve ser planejar, sem nos sobrecarregar ou nos punir com preocupações. Isso não é uma motivação superficial, mas uma estratégia concreta. Da mesma forma que aprendemos a administrar nossas casas e equipamentos, precisamos aprender a gerenciar nossos pensamentos.

Esse processo exige disciplina e prática. Formar novos hábitos não acontece de imediato; é uma jornada que envolve desconstruir velhos padrões. Por isso, recomendo que volte a este livro sempre que precisar. Faça anotações, releia e permita que o conteúdo se torne parte de sua rotina. A disciplina é essencial nesse processo de transformação e fortalecimento mental.

A história de José, que propôs um planejamento estratégico ao Egito, ilustra bem a importância de projetar o amanhã. José não apenas apresentou um plano, mas também demonstrou equilíbrio emocional e paz interior. Ele sabia que o plano seria construído de maneira gradual, com perseverança e sem pressa. Assim como ele, podemos entender que todo planejamento requer uma construção paciente e determinada.

Você se conhece o suficiente?

Já mencionei neste livro a importância do autoconhecimento, mas ainda cabe uma reflexão essencial: você se conhece verdadeiramente? Muitas vezes, conhecemos muito sobre o mundo ao nosso redor, mas negligenciamos a necessidade de compreender a nós mesmos. Esse é um passo fundamental, especialmente para lidar com nossas fraquezas e vulnerabilidades. Por exemplo, alguém que carrega traumas pode ser mais suscetível a determinados gatilhos, como o vício em pornografia, que funciona como uma droga mental, oferecendo prazer passageiro e criando um ciclo de dependência. O autoconhecimento nos ajuda a identificar esses pontos fracos, permitindo-nos adotar estratégias para evitar situações que possam nos desviar.

Quando reconhecemos nossas fragilidades, adquirimos ferramentas para enfrentá-las. Passamos a compreender que, em momentos de solidão, certos desejos podem surgir e nos tentar a buscar conforto de maneira prejudicial. No entanto, o autoconhecimento nos capacita a agir com prudência, evitando essas armadilhas.

Para quem desconhece a si mesmo, a falta de autocompreensão se transforma em uma fuga, na qual impulsos descontrolados acabam dominando, frequentemente conduzindo ao sofrimento. Somos seres guiados por um fluxo contínuo de pensamentos. Mesmo durante momentos de profunda contemplação, nossa mente permanece ativa. Mas, quando confrontados com pensamentos desordenados ou negativos, como devemos reagir?

A resposta está em construir pensamentos de forma inteligente. Embora não possamos controlar todos os pensamentos que surgem, temos o poder de escolher quais realmente nos ajudam, permitindo que os demais sigam seu curso natural, como as águas de um rio.

Essa construção mental exige um posicionamento claro e a capacidade de governar nossos próprios pensamentos. Assim como escolhemos quais abas manter abertas em nosso navegador, podemos decidir quais pensamentos alimentar e quais descartar. O apóstolo Paulo nos oferece diretrizes valiosas ao nos chamar a focar no que é verdadeiro e honesto. Quando fazemos isso, exercemos autoridade sobre nossa mente, cultivando pensamentos construtivos que fortalecem nossa postura emocional e nossa conexão com valores espirituais.

Devemos guardar em nosso coração a verdade de que "tudo o que você não governa o escraviza". Muitas vezes, tornamo-nos prisioneiros de nossos próprios pensamentos, especialmente daqueles que nos conduzem à ruína. A falta de domínio sobre a mente nos aliena, e isso é uma questão séria. Frequentemente, ficamos presos a problemas do passado ou ansiosos em relação ao futuro, o que dificulta nossa capacidade de viver plenamente no presente. Que essa consciência nos inspire a governar sabiamente nossos pensamentos, libertando-nos da escravidão mental e nos permitindo viver de forma plena no aqui e agora.

Refletir sobre o passado e planejar para o futuro são práticas comuns, mas frequentemente esquecemos de apreciar o presente, o momento que estamos vivendo. Quando dedicamos nossa energia mental a um futuro incerto ou a um passado que já se foi, impedimos que o agora seja vivido plenamente. O presente é onde verdadeiramente residimos; é o momento atual que molda nosso futuro e reflete as lições aprendidas. Ao nos concentrarmos no presente, exercemos uma governabilidade mais eficaz sobre nossa mente, afastando a ansiedade sobre o que está por vir e os fardos do que já passou. Que possamos valorizar cada respiração e cada experiência do agora.

Reconhecer pensamentos prejudiciais é o primeiro passo para retomar o controle. Identificando-os, capacitamo-nos a liderar nossa vida rumo à prosperidade e a evitar caminhos que nos levam à ruína. Essa liderança interna nos transforma de espectadores passivos em agentes ativos de nossa jornada mental. Quando influenciamos positivamente nossos pensamentos, cultivamos uma mentalidade saudável e direcionamos nossa existência para o crescimento e a plenitude. Que possamos exercer essa liderança com sabedoria e discernimento.

A autorrealização se torna possível quando afirmamos que é viável. Manter uma postura proativa, repleta de motivação e determinação, permite-nos resistir não apenas às adversidades externas, mas também às internas. Como já compartilhei, somos nós que decidimos se permitiremos ser magoados. Não são as palavras dos outros que nos afetam, mas a forma como escolhemos reagir a elas.

Enfrentar desafios não está relacionado ao tamanho do gigante que se apresenta, mas à percepção realista desse desafio; muitas vezes, ele pode não ser tão grande quanto parece. Mantenha uma postura firme, acredite em sua capacidade e saiba que, com motivação e determinação, é possível superar qualquer obstáculo.

Construa um caminho para ter uma mente governável

É crucial construir um caminho de liderança sobre nós mesmos, tanto na vida pessoal quanto na profissional. A pessoa mais poderosa é aquela que exerce domínio sobre si mesma, governando seus pensamentos e emoções. Reconheço que isso é desafiador, pois lidamos com diversas personalidades e circunstâncias que podem nos fazer perder o controle, especialmente diante da manifestação da raiva. Por vezes, permitimos que situações e pessoas conhecidas, que nos desafiam ou procuram nos prejudicar, nos desestabilizem.

É fundamental entender que reações intensas muitas vezes são apenas mecanismos de defesa ativados por gatilhos do passado. Essas respostas podem refletir crenças profundas que nos controlam. Precisamos reconhecer que frequentemente enfrentamos situações que nós mesmos criamos. A chave para a autogovernabilidade é a consciência de nossos pensamentos e emoções, permitindo-nos agir com sabedoria e equilíbrio, independentemente das circunstâncias externas.

Muitas oportunidades são perdidas devido ao impacto da memória, especialmente quando carregamos traumas e medos de experiências passadas. Isso é evidente em pessoas que foram traídas ou feridas em relacionamentos anteriores. O receio de reviver a dor do passado pode impedir alguém de se abrir a novas experiências e bênçãos que o Criador deseja proporcionar. Por isso, é essencial aprender a superar esses medos, permitindo a entrada de novas histórias e vivências em nossa vida.

Essa postura não é apenas sábia, mas também transformadora. Ao enfrentar a possibilidade de reviver situações dolorosas, escolha direcionar seus pensamentos para lembranças positivas e os benefícios obtidos ao longo da trajetória. Refletir sobre o crescimento pessoal, a evolução e o amadurecimento que ocorreram desde então é uma forma poderosa de redefinir sua narrativa.

Além disso, ao considerar a possibilidade de confiar novamente, adote uma atitude cautelosa e gradual. Isso não envolve apenas confiar no outro, mas também acreditar em si mesmo para evitar repetir erros. A decisão de dar pequenos passos para reconstruir a confiança é um exemplo de autocontrole e sabedoria. Ao nutrir sua mente com pensamentos de renovação e aprendizado, você abre espaço para novas oportunidades e um crescimento positivo.

Abra-se para a novidade que o Eterno oferece. O passado não determina o futuro; você é uma pessoa transformada. A oportunidade que o Pai coloca diante de você exige uma versão renovada de si mesmo, uma mudança real. A história só se repetirá se você insistir nos mesmos comportamentos e escolhas equivocadas. Este é o momento de viver algo novo. Confie, pois o Todo-Poderoso pode trazer algo especial à sua vida. Silencie as vozes negativas em sua mente para ouvir a orientação divina.

Por último, lembre-se deste conselho importante: fuja de ambientes tóxicos. Por que Jesus amava a casa de Lázaro? Era um lugar onde ele podia simplesmente estar, sem precisar realizar milagres ou se esforçar para ser aceito. Ele era amado como amigo. Assim, crie esses refúgios para sua mente e emoções. Pode ser um momento tranquilo de louvor ou um instante reservado para meditar e organizar seus pensamentos, como Jesus fazia na casa de Lázaro. Esses lugares de descanso serão seu abrigo, preparando-o para enfrentar os desafios que surgirem.

A constância é essencial para transformar padrões de pensamento. Mudanças não acontecem da noite para o dia, mas exigem determinação e prática diárias, com vitórias pequenas, porém consistentes.

Pensar no futuro e planejar o amanhã é essencial, mas isso não significa viver ansioso. O planejamento é uma ferramenta valiosa e antecipar desafios é uma forma de governar a mente de maneira proativa. Quando nos preparamos para possíveis dificuldades, ganhamos maior controle sobre os resultados, reagindo com sabedoria e reduzindo os impactos das adversidades.

Em resumo, a renovação da mente não é um processo instantâneo, mas uma jornada contínua de autoconhecimento, disciplina e prática diária. Ao treinar seus pensamentos, você fortalece sua capacidade de liderar sua vida, governando emoções e atitudes com discernimento. Não se trata de eliminar pensamentos negativos, mas de aprender a gerenciá-los, substituindo-os por aqueles que promovem crescimento, paz e propósito.

Lembre-se: o maior investimento que você pode fazer é no treinamento da sua mente. Isso determinará a qualidade da sua vida e o impacto que você terá no mundo ao seu redor. Você tem o poder de moldar seus pensamentos e, ao fazê-lo, moldará também o seu destino.

A janela da memória representa uma área na nossa mente que serve como uma âncora para a construção de pensamentos e ideias. É por meio dela que formamos imagens mentais.

Esta obra foi composta em *Drummond*
e impressa por Promove Artes Gráficas sobre papel
Pólen Bold 90 g/m² para Editora Vida.